Gyümölcssaláta szakácskönyv

100 csodálatos gyümölcssaláta recept az egészségedért

Marietta Nagy

© SZERZŐI JOG 2024 MINDEN JOG FENNTARTVA

Ennek a dokumentumnak az a célja, hogy pontos és megbízható információkat nyújtson az érintett témával és kérdéssel kapcsolatban. A kiadvány értékesítése azzal a gondolattal történik, hogy a kiadónak nem kell számviteli, hatóságilag engedélyezett vagy egyéb minősített szolgáltatást nyújtania. Ha jogi vagy szakmai tanácsra van szükség, a szakmában gyakorlott személyt kell rendelni.

Semmilyen módon nem törvényes a dokumentum bármely részének reprodukálása, sokszorosítása vagy továbbítása sem elektronikus úton, sem nyomtatott formában. A kiadvány rögzítése szigorúan tilos, és a dokumentum tárolása csak a kiadó írásos engedélyével megengedett. Minden jog fenntartva.

Figyelmeztetés Jogi nyilatkozat, a könyvben található információk legjobb tudásunk szerint igazak és teljesek. Minden ajánlást a szerző vagy a történet kiadója részéről garancia nélkül adunk meg. A szerző és a kiadó elhárítja a felelősséget ezen információk felhasználásával kapcsolatban

Tartalomjegyzék

Gyümölcssaláta szakácskönyv..1

BEVEZETÉS..8

GYÜMÖLCSALÁTA RECEPTEK...10

1. Kuszkuszos csirke gyümölcssaláta..10
2. Langyos gyümölcssaláta..13
3. Gyümölcssaláta..15
4. Zöldspárga gyümölcssaláta...17
5. Gyümölcssaláta kókuszkrémmel..20
6. Gyümölcssaláta Simone..22
7. Gyümölcssaláta mézzel..25
8. Epres rizs gyümölcssalátán..27
9. Gyümölcssaláta avokádóval és joghurttal..........................29
10. Gyümölcssaláta eperrel, dinnyével és mozzarellával......31
11. Gyümölcssaláta pohárban fagylalttal és omlós sütivel....34
12. Gyümölcssaláta dinnyével, áfonyával és juhtajttal..........36
13. Gyümölcssaláta avokádóval, málnával és dióval.............38
14. Grillezett gyümölcssaláta eperrel, ananásszal, fügével és grapefruittal..40
15. Sült gyümölcssaláta lövéssel...43
16. Trópusi piña colada gyümölcssaláta.................................46
17. Sült gyümölcssaláta..49
18. Cikória gyümölcssaláta...51
19. Kiwi saláta..54

20. Gyümölcsös tésztasaláta..56
21. Arany kivi saláta ananásszal és joghurttal......................59
22. Gyümölcsös popsika...61
23. Flambírozott mandarin pomelo saláta............................64
24. Süteménytésztából készült tál.......................................67
25. Édes gesztenye krokett...70
26. Gyümölcssaláta vaníliakrémmel és érces keksszel..........73
27. Gyümölcssaláta szeszes italokkal..................................75
28. Gyümölcssaláta fahéjjal...77
29. gyümölcssaláta...79
30. Egzotikus gyümölcssaláta..81
31. Gyümölcssaláta vanília fagylalttal..................................83
32. Gyümölcssaláta ütéssel...86
33. Gyümölcssaláta rumos mazsolával.................................88
34. Gyümölcssaláta joghurtos kalappal................................90
35. Gyümölcssaláta joghurttal...92
36. Gyümölcssaláta camemberttel......................................94
37. Gyümölcssaláta napraforgómaggal................................96
38. Gyümölcssaláta joghurtos szósszal................................99
39. Gyümölcssaláta vaníliás joghurtos szósszal..................102
40. Gyors gyümölcssaláta..105
41. Trópusi gyümölcs és gyümölcssaláta ütéssel................107
42. Színes gyümölcssaláta...109
43. Túrós joghurtos krém gyümölcssalátával.....................111

44. Cukormentes gyümölcssaláta..114

45. Egyszerű gyümölcssaláta..116

46. Vegán gyümölcssaláta..118

47. Sárga gyümölcssaláta...120

48. Dinnye gyümölcssaláta...122

49. Kiwi gyümölcssaláta...124

50. Szilvás és ananászos gyümölcssaláta............................126

51. Gyümölcssaláta gránátalmával....................................128

52. Gyümölcssaláta dióval...130

53. Friss gyümölcs koktél..132

54. Mentás gyümölcssaláta...134

55. Görögdinnye és körte saláta garnélával......................136

56. Narancs-kivi saláta jéggel..138

57. Meggybefőtt...141

58. Ananász lövéssel...143

59. Bodza ecet..145

60. Szójapuding színes gyümölcssalátával........................147

61. Gyümölcssaláta görögdinnyével.................................149

62. Körte-szilva saláta..152

63. Gyümölcssaláta mogyorómártással............................154

64. Kókuszos gyümölcssaláta zúzott jéggel......................156

65. Fagylalt babmártással és gyümölcssalátával.............159

66. Sajtos-gyümölcssaláta..161

67. Gyümölcssaláta gyümölcsöntettel..............................163

68. Sült gyümölcssaláta hideg gratinnal..................166
69. Gyümölcssaláta ropogós quinoával.....................168
70. Gyümölcssaláta chachacha sziruppal...................171
71. Gyümölcssaláta likőrmártással........................174
72. Mediterrán gyümölcssaláta............................177
73. Hajdina gofri gyümölcssalátával......................180
74. Müzli egzotikus gyümölcssalátával....................183
75. Ázsiai gyümölcssaláta üvegtésztával..................186
76. Fűszeres gyümölcssaláta..............................188
77. Dinnye licsivel és ananásszal........................190
78. Tojás és gyümölcssaláta..............................192
79. Körte és szőlő saláta................................195
80. Gyümölcssaláta Camparival............................198
81. Édes-savanyú öntet...................................201
82. Tojáslikrém..203
83. Kékszőlő parfé naranccsal és szőlősalátával..........206
84. Sajtos terrine dióval................................209
85. Bróker saláta..211
86. Francia öltözködés...................................213
87. Gyümölcsös heringsaláta..............................216
88. Fagylalt babmártással és gyümölcssalátával...........219
89. Epres rizs gyümölcssalátán...........................221
90. Gyümölcssaláta avokádóval és joghurttal..............223
91. Egyszerű gyümölcssaláta..............................226

92. Hagyományos gyümölcssaláta..................................229
93. krémes gyümölcssaláta......................................232
94. Gyümölcssaláta sűrített tejjel...............................235
95. Gyümölcssaláta tejföllel....................................237
96. Hozzáillő gyümölcssaláta...................................240
97. Ínyenc gyümölcssaláta.....................................242
98. Gyümölcssaláta joghurtos szósszal..........................245
99. Gyümölcssaláta vaníliás joghurtos szósszal..................248
100. Gyors gyümölcssaláta.....................................251
KÖVETKEZTETÉS..253

BEVEZETÉS

A Gyümölcssaláta Szakácskönyv rendkívül tápláló. A különféle gyümölcsök nagy tálba dobása ilyen egyszerű lehet. Ennél jobb nem lesz. Ezt a salátát gyorsételnek használtam, hogy elvigyem egy bográcsozáshoz, vagy ajándéknak, hogy magammal vigyem, ha vacsorázó vendég vagy. Nagyon sokoldalú étel, amit bárki ehet, vegetáriánusoknak pedig kifejezetten jó!

A saláták általában pozitív hatással lehetnek az egészségre. Ha azonban ezeket a finomságokat az étrend rendszeres részeként felveszi, az emberek jelentősen javíthatják étrendjük egészségi állapotát. A Gyümölcssaláta-szakácskönyv bármilyen gyümölccsel elkészíthető, és ízletes és egészséges módja az egészségesebb életmód népszerűsítésének.

Az egyik oka annak, hogy az embereknek többet kell enniük az ilyen típusú salátákból, az a fogyás. Ráadásul az emberek az ajánlott mennyiségű gyümölcs elfogyasztásával energiához jutnak. Ez az extra energia motiválhatja az embert a gyakoribb edzésre. A Gyümölcssaláta Szakácskönyv edzéssel kombinálva csökkentheti az egészségtelen zsírraktározást a szervezetben.

Az emberek csökkenthetik vérük káros nátrium- és koleszterinszintjét, ha ezeket a salátákat beiktatják étrendjükbe. Mind a nátrium, mind a koleszterin egészségügyi kockázatokat jelenthet, ha hosszú ideig nagy mennyiségben fogyasztják. Ezért a Gyümölcssaláta Szakácskönyv fogyasztása az egyik módja a nátrium- és koleszterinszint szabályozásának.

A gyümölcssaláta-szakácskönyv kiváló módja a szív egészségének elősegítésének. A megnövekedett energia, a testmozgás és az alacsonyabb koleszterinszint a szívbetegségek megelőzésére szolgáló intézkedések. A Gyümölcssaláta-szakácskönyv segíthet megelőzni a különböző típusú rákos sejtek kialakulását a szervezetben. A szívbetegség és a rák a vezető egészségügyi problémák, amelyekkel manapság az amerikaiak szembesülnek, és ezek elkerülhetők, ha elfogyasztják a Gyümölcssaláta Szakácskönyvet.

GYÜMÖLCSALÁTA RECEPTEK

1. Kuszkuszos csirke gyümölcssaláta

Hozzávalók 4 adaghoz

- 200 g kuszkusz
- 1 apróra vágott vöröshagyma
- 250 g csirkemell
- 1 vaj
- 2 méz
- 0,5 tk vegyes kömény
- 0,5 tk kardamom
- 150 ml sovány joghurt
- 100 g durvára vágott dió
- 1 adag őszibarack darab
- 1 alapsó

készítmény

1. A kuszkuszt a csomagoláson található utasítások szerint elkészítjük. A csirkemellet megmossuk, leszárítjuk, sóval, borssal ízesítjük és csíkokra vágjuk.
2. A vajat felforrósítjuk, és megpirítjuk benne a hagymát a csirkecsíkokkal. Az őszibarackot lecsepegtetjük és kis kockákra vágjuk.
3. A joghurtot összekeverjük a fűszerekkel, a mézzel, a dióval és a kuszkusszal, a

hagymával és a csirkecsíkokkal. Végül beleforgatjuk a barackdarabokat.

2. Langyos gyümölcssaláta

Hozzávalók 4 adaghoz

- 10 darab szárított füge
- evőkanál szultán
- 300 ml fehérbor
- 1 teáskanál fahéj
- 1 csipet citromlé
- 4 g cukor
- 4 alma

készítmény

1. Tedd az almát, a fügét és a szultánokat a borral egy serpenyőbe, és öntsd fel vízzel.
2. Hozzáadjuk a fahéjat, a citromot és a cukrot, és rövid ideig együtt főzzük. De természetesen az almának továbbra is erősnek kell lennie a harapásig.
3. Tegyünk mindent egy tálba, és élvezzük.

3. Gyümölcssaláta

Hozzávalók 4 adaghoz

- 2 db kivi
- 2 db narancs
- 1 db mangó
- 1 db gyömbér (2 cm)
- 2 evőkanál méz
- 5 evőkanál almalé

készítmény

1. A narancsot meghámozzuk és filézzük, a kivit és a mangót meghámozzuk, majd apróra vágjuk.
2. A gyömbért meghámozzuk, apró kockákra vágjuk, és a mézzel egy serpenyőben néhány percig pirítjuk. Leöntjük almalével és ráöntjük a gyümölcsre. Hagyja rövid ideig ázni.

4. Zöldspárga gyümölcssaláta

Hozzávalók 2 adaghoz

- 5 db zöldspárga (vékony rúd)
- 4 db eper
- 1 db narancs
- 0,25 szelet ananász
- 1 db kivi
- 1 db alma (kicsi)
- 0,5 szelet banán
- 1 darab citrom
- 2 evőkanál enyhe olívaolaj
- 1 db lime (lé + héj a páchoz)
- 1 db narancs (lé + héj a páchoz)
- 1 szál citromfű

készítmény

1. A zöldspárgát megmossuk, hosszában félbevágjuk és keresztben kb. 2 cm. Az epret megmossuk, szárát eltávolítjuk és szeletekre vágjuk. Hámozzuk meg, negyedeljük és szeleteljük fel a kivit.
2. Az ananászt meghámozzuk, negyedeljük, szárát eltávolítjuk, negyedét apró kockákra vágjuk, a többit más célra felhasználjuk.
3. A narancsot meghámozzuk, filézzük, a kifolyt levét összegyűjtjük, és öntethez

használjuk. Kifacsarjuk a citromot. Az almát megmossuk, kettévágjuk, kivesszük a magházát, szeletekre vágjuk, és azonnal meglocsoljuk a kifacsart citromlé felével (hogy ne barnuljon meg).
4. A banánt meghámozzuk és szeletekre vágjuk, a maradék citromlével is meglocsoljuk.
5. A lime és narancs levéből, a héjából (a két gyümölcs fele) és az olívaolajból öntetet keverjünk össze.
6. Az elkészített gyümölcsöket a spárgával egy tálba tesszük, és óvatosan beleforgatjuk az öntetet. Díszítsük citromfű levelekkel.

5. Gyümölcssaláta kókuszkrémmel

Hozzávalók 4 adaghoz

- 1 db cukordinnye
- 2 db banán
- 3 db kivi
- 1 db ananász
- 250 ml tejszínhab
- 2 evőkanál kristálycukor
- 100 ml kókusztej

készítmény

1. A banánt, a cukros dinnyét, a kivit és az ananászt meghámozzuk, és a cukordinnyét is kimagozzuk. Ezután a gyümölcsöt apró kockákra vágjuk.
2. A turmixgéppel keményre felvert tejszínt, a cukrot és a kókusztejet fokozatosan hozzákeverjük.
3. Ezzel sima krémet kapunk, de a tejszínhabot nem szabad túl sokáig verni, maximum 2 percig.
4. Végül a gyümölcsöt desszertes tálkákba osztjuk és kókuszkrémmel bevonjuk.

6. Gyümölcssaláta Simone

Hozzávalók 4 adaghoz

- 1 db mézharmat dinnye
- 1 db kivi
- 1 darab banán
- 5 db áfonya
- 5 db málna
- 3 szelet eper

Hozzávalók a páchoz

- 1 darab citrom (lé)
- 1 evőkanál cukor
- 1 csipet gyömbérpor

készítmény

1. Hámozzuk meg és magozzuk ki a dinnyét, majd vágjuk ki a pépet golyós szaggatóval, hogy szép dinnyegolyókat kapjunk. Ezután meghámozzuk a kivit és feldaraboljuk.
2. Az áfonyát és a málnát megmossuk és lecsepegtetjük, az epret megmossuk, a zöldeket eltávolítjuk, félbevágjuk vagy szeletekre vágjuk. Hámozzuk meg és szeleteljük fel a banánt.
3. Tegye az összes gyümölcsöt egy tálba, keverje össze a cukorral, a citromlével és a

gyömbérporral. 30 percig pácoljuk, poharakba osztjuk és hidegen tálaljuk.

7. Gyümölcssaláta mézzel

Hozzávalók 6 adaghoz

- 3 db banán
- 250 g eper
- 100 g mag nélküli kék szőlő
- 100 g fehér mag nélküli szőlő
- 2 db narancs
- 2 db kivi
- 1db Apple
- 1db körte
- 1 db citrom
- 5 evőkanál méz

készítmény

1. A banánt, a narancsot és a kivit meghámozzuk, az epret megmossuk, a zöldeket eltávolítjuk, a gyümölcsöt apró darabokra vágjuk.
2. A szőlőt megmossuk, félbevágjuk és a többi gyümölcshöz adjuk. Az almát és a körtét szeletekre vágjuk, kimagozzuk, és kis kockákra vágjuk, majd összekeverjük a többi gyümölccsel.
3. Pácoljuk citromlével és mézzel.

8. Epres rizs gyümölcssalátán

Hozzávalók 2 adaghoz

- 500 g friss gyümölcs (ízlés szerint)
- 0,5 csésze tejszínhab
- 3 gombóc Mövenpick eper
- 5 csepp citromlé

készítmény

1. A gyümölcsöt megmossuk, meghámozzuk, felkockázzuk, tányérra tesszük és meglocsoljuk citromlével.
2. Az eperfagylaltot rátesszük a gyümölcssalátára.
3. Díszítsük tejszínhabbal és fagylalttal.

9. Gyümölcssaláta avokádóval és joghurttal

Hozzávalók

- 1 alma
- 1 avokádó
- 1/2 mangó
- 40 g eper
- 1/2 citrom
- 1 evőkanál méz
- 125 g natúr joghurt
- 2-3 evőkanál mandula szelet

készítmény

1. Először is, az avokádós és joghurtos gyümölcssalátához mossuk meg az almát, távolítsuk el a magházat és kockázzuk fel. Ezután kimagozzuk az avokádót és a mangót, és szintén kockákra vágjuk. Az epret megmossuk és félbevágjuk. Végül vágja fel a citromot, és vonja ki a levét a feléből.
2. A natúr joghurtot és a mézet jól összekeverjük. A felvágott hozzávalókat egy nagyobb tálba öntjük, és beleforgatjuk a mézes-joghurtos keveréket. A gyümölcssalátát avokádóval és joghurttal, megszórjuk mandulával és tálaljuk.

10. Gyümölcssaláta eperrel, dinnyével és mozzarellával

Hozzávalók

- 1/2 mézharmat dinnye
- 1/4 görögdinnye
- 250 g eper
- 2 csomag mini mozzarella
- 1/2 csokor menta
- 1/2 csokor bazsalikom
- 1 narancs
- néhány juharszirup

készítmény

1. Az eperrel, dinnyével és mozzarellával készült gyümölcssalátához először távolítsa el a héját és a dinnye magját, és vágja fel a héját. Ezután mossuk meg az epret, távolítsuk el a zöldet, és vágjuk félbe az epret hosszában. Ezután szedjük le a mentát és a bazsalikomot. A mentát apróra vágjuk. A mozzarella golyókat jól lecsepegtetjük.
2. Csavarjuk ki a narancslevet, és keverjük össze egy kis juharsziruppal.
3. A bazsalikom kivételével az összes hozzávalót összekeverjük egy nagy tálban.

4. A gyümölcssalátát eperrel, dinnyével és mozzarellával adagoljuk, és bazsalikommal díszítve tálaljuk.

11. Gyümölcssaláta pohárban fagylalttal és omlós sütivel

Hozzávalók

- 200 g málna
- 4 vanília fagylalt
- 2 maracuja
- 15 omlós keksz
- 1 teáskanál porcukor
- 10 mentalevél

készítmény

1. A gyümölcssalátához való omlós kekszet a pohárban jéggel nagy darabokra törjük, és 4 pohárra osztjuk. A málnát összekeverjük a maracuja péppel és a porcukorral.
2. Az omlós tészta tetejére teszünk egy gombóc vaníliafagylaltot, és a pohárban lévő gyümölcssalátát málnával és egy kevés mentával díszítjük.

12. Gyümölcssaláta dinnyével, áfonyával és juhtajttal

Hozzávalók

- 1/4 görögdinnye
- 1/4 mézharmat dinnye
- 1/4 cukor dinnye
- 100 g áfonya
- 5 szemes kávé (őrölt)
- 100 g juhsajt (vagy kecskesajt)
- 10 mentalevél
- 1 evőkanál méz

készítmény

1. A gyümölcssalátához való dinnyét dinnyével, áfonyával, juhtúróval meghámozzuk és nagy kockákra vágjuk.
2. Összekeverjük az áfonyával, és tányérra kenjük.
3. Az őrölt kávét a dinnyékre kenjük. A sajtot vékony csíkokra szeleteljük, és a dinnyesalátára tesszük.
4. A gyümölcssalátát egy kis mézzel meglocsoljuk, mentával díszítjük.

13. Gyümölcssaláta avokádóval, málnával és dióval

Hozzávalók

- 2 avokádó
- 150 ml tejszínhab
- 1/4 citrom (lé)
- 50 gramm cukor
- 200 g málna
- 2 evőkanál dió keverék
- 2 lime
- 1 evőkanál porcukor

készítmény

1. Az avokádós gyümölcssalátához meghámozzuk és kimagozzuk az avokádót és a málnát, majd apró kockákra vágjuk.
2. A citromlével és a cukorral együtt pürésítjük. A tejszínhabot kemény habbá verjük, és belekeverjük az avokádót.
3. Hámozza meg a lime-ot, és vágja ki a húsát a fehér elválasztó hártyák között. Keverjük össze a megmosott málnával és a porcukorral.
4. Osszuk el négy pohár között, és szórjuk meg durvára vágott nyomkeverékkel.
5. A gyümölcssaláta avokádókrémmel és némi málnával körettel.

14. Grillezett gyümölcssaláta eperrel, ananásszal, fügével és grapefruittal

Hozzávalók

- 2 füge
- 4 eper
- 2 szilva (sárga, karikás)
- 1 mandarin
- 1 rubin grapefruit
- 1/4 ananász
- 1 teáskanál porcukor
- 1 evőkanál citromlé
- 2 evőkanál pisztácia (apróra vágva)
- 3 evőkanál szőlőmagolaj

készítmény

1. A grillezett gyümölcssalátához először az öntetet készítsük el. Ezután keverje össze a porcukrot, a citromlevet, a szőlőmagolajat és a pisztáciát.
2. Az epret és a fügét félbevágjuk. Az ananászt vékony szeletekre, a maradék gyümölcsöt pedig nagy darabokra vágjuk.
3. Az összes gyümölcsöt megkenjük egy kevés szőlőmagolajjal.
4. A gyümölcsöt grillserpenyőben vagy minden oldalról addig sütjük, amíg a gyümölcs szép sötét színűvé nem válik.

5. Ezután tányérra helyezzük a gyümölcsöt, és meglocsoljuk az öntettel.
6. A grillezett gyümölcssalátát még melegen tálaljuk.

15. Sült gyümölcssaláta lövéssel

Hozzávalók

- 1 őszibarack
- 1 alma
- 1/4 ananász
- 1 banán
- 20 g szőlő
- 20 g málna
- 1/2 narancs (lé)
- 1/2 citrom
- 1 vaníliarúd (pép)
- 4 tojás
- 1 evőkanál méz
- 2 evőkanál rum
- 1 evőkanál narancslikőr

készítmény

1. A gratinált gyümölcssalátához először készítsük elő a gyümölcsöt. Ehhez mossuk meg az őszibarackot és az almát, távolítsuk el a köveket és vágjuk kockákra. Ezután hámozzuk meg az ananászt, távolítsuk el a szárát és kockázzuk fel, távolítsuk el a banán bőrét, és vágjuk szeletekre. Ezután megmossuk a szőlőt és a málnát, félbevágjuk a narancsot és a citromot, majd kifacsarjuk.

Végül a vaníliarudat hosszában felvágjuk, és a pépet kikaparjuk.
2. A tojássárgákat keverjük össze mézzel, vaníliapéppel, rummal, narancslikőrrel és narancs- és citromlével. A tojásfehérjét kemény habbá verjük, és a tojássárgás masszához keverjük. A felvágott gyümölcsöt kis, tűzálló formákba töltjük, befedjük a hómasszával és 180 fokos sütőben (légkeveréses) kb 10 percig sütjük.
3. A gratinált gyümölcssalátát rövid ideig hagyjuk hűlni, és tálaljuk.

16. Trópusi piña colada gyümölcssaláta

Hozzávalók

- 1/2 ananász
- 1 banán
- 1 alma
- 1/2 cukordinnye (vagy mézharmat dinnye)
- 50 ml kókusztej (a dobozból)
- 30 ml ananászlé
- 2-3 evőkanál kókuszlikőr
- 2-3 evőkanál szárított kókusz
- 1 adag rum (fehér)

készítmény

1. Először készítse elő a trópusi piña colada gyümölcssaláta összes hozzávalóját. Az ananászt meghámozzuk, szárát eltávolítjuk és kockákra vágjuk. Ezután meghámozzuk és felszeleteljük a banánt, megmossuk az almát, eltávolítjuk a magházat és felkockázzuk. Végül kimagozzuk a dinnyét, eltávolítjuk a héját és a magjait, majd falatnyi darabokra vágjuk.
2. Keverje össze a kókusztejet citrommal és ananászlével, kókuszlikőrrel, szárított kókuszdióval és egy csipet rummal.

3. A felvágott gyümölcsdarabokat egy nagyobb tálba tesszük, hozzáadjuk a piña colada keveréket és jól összekeverjük. A trópusi piña colada gyümölcssalátát kis tálkákba osztjuk és tálaljuk.

17. Sült gyümölcssaláta

Hozzávalók

- 1 őszibarack
- 1/4 ananász
- 20 málna
- 1 mandarin
- 10 fizalis
- 2 alma
- 1 teáskanál méz
- 1 vaníliarúd (pép)
- 4 tojás fehérje
- 100 g cukor

készítmény

1. A sült gyümölcssalátához a tojásfehérjét a cukorral kemény habbá verjük.
2. A gyümölcsöt apró kockákra vágjuk, és összekeverjük a mézzel és a vaníliapéppel. Négy tortaformába osztjuk, és a tetejére kenjük a tojásfehérjét.
3. 120°C-on kb 60 percig sütjük.
4. A megsült gyümölcssalátát vegyük ki a sütőből, hagyjuk rövid ideig kihűlni, és azonnal tálaljuk.

18. Cikória gyümölcssaláta

Hozzávalók

- 500 g cikória
- 200 g pulykamell (füstölt)
- 4 szelet narancs
- 3 szelet banán
- 150 g villásreggeli fűszernövények légère
- 150 g joghurt
- 2-3 evőkanál citromlé
- só
- bors (fehér)
- cukor
- 40 g dió

készítmény

1. A cikória gyümölcssalátához a cikóriát megmossuk, szárazra töröljük és félbevágjuk. A levelek felső végét levágjuk, a szárát ék alakúra kivágjuk és finom szeletekre vágjuk. A pulykamellet vékony csíkokra vágjuk, és összekeverjük a cikóriával.
2. Hámozzon meg 3 narancsot olyan vastagon, hogy eltávolítsa a fehér héját, vágja ki a gyümölcsfiléket, és adja hozzá a cikóriához, összegyűjti a levét. Ezután hámozzuk meg és

szeleteljük fel a banánt, és keverjük össze a cikória gyümölcssalátával.
3. Kifacsarjuk az utolsó narancsot. A villásreggelit és a joghurtot simára keverjük, összekeverjük narancs- és citromlével. Ízlés szerint sóval, borssal és cukorral ízesítjük.
4. Az öntetet a cikória gyümölcssalátára öntjük. A diót durvára vágjuk, és rászórjuk. Tálalás előtt körülbelül 1 órát hűtsük le.

19. Kiwi saláta

Hozzávalók

- 4 db kivi
- 500 g szőlő (felezve)
- 4 körte
- 8 evőkanál méz
- 1 db citrom (lé)
- néhány mentalevél

készítmény

1. A kivi salátához a kivit meghámozzuk, félbevágjuk és szeletekre vágjuk. Ezután mossuk meg a szőlőt, vágjuk félbe, és távolítsuk el a magokat. Végül a körtéket meghámozzuk, félbevágjuk, a burkolatot eltávolítjuk és szintén szeletekre vágjuk.
2. Óvatosan keverjük össze a gyümölcsöket.
3. A citromlevet keverjük a mézhez, és öntsük rá a gyümölcssalátára. Díszítsük néhány borsmenta levéllel.

20. Gyümölcsös tésztasaláta

Hozzávalók

- 250-300 g tészta (pl. fusilli)
- 120 g áfonya
- 150 g szőlő (mag nélküli)
- 1 alma (savanyú)
- 1 nektarin (vagy barack)
- 1 banán
- 1 vaníliarúd (pép)
- 1/2 citrom (lé)
- 5-6 mentalevél (friss)
- 1 csipet fahéj (őrölt)
- 1 evőkanál méz

készítmény

1. A gyümölcsös tésztasalátához először egy nagy lábasban forraljuk fel a vizet, sózzuk meg és főzzük benne al dente-ig a tésztát (pl. penne).
2. Közben elkészítjük a többi hozzávalót a salátához. Mossa meg az áfonyát, a szőlőt, az almát és a nektarint, majd szárítsa meg. A szőlőt félbevágjuk, kimagozzuk és felkockázzuk a nektarint és az almát. Hámozzuk meg és szeleteljük fel a banánt. A vaníliarudat hosszában felvágjuk, a pépet

kikaparjuk, a citromot félbevágjuk és kinyomkodjuk. Vágja le a menta leveleit a száráról, és apróra vágja.
3. A kifőtt tésztát leszűrjük, leöblítjük, és kicsit hűlni hagyjuk. Ezután egy nagyobb tálban összekeverjük a tésztát a gyümölccsel, a vanília péppel, a fahéjjal, a citromlével, a mentával és egy evőkanál mézzel. A gyümölcsös tészta saláta azonnal tálalható.

21. Arany kivi saláta ananásszal és joghurttal

Hozzávalók

A salátához:

- 1 ananász (hámozott, szár eltávolítása, szeletekre vágva)
- 3 arany kiwi (hámozva, kockákra vágva)
- 60 g brazil dió (durvára vágva)

Az öltözködéshez:

- 200 g joghurt (görög)
- 3 evőkanál olívaolaj
- 1/2 citrom (leve és héja)
- tengeri só
- Bors (malomból)
- Kakukkfű (díszítéshez)

készítmény

1. Az ananászos és joghurtos arany kivi salátához az öntethez minden hozzávalót jól összekeverünk, majd sózzuk, borsozzuk.
2. Az ananászdarabokat grillserpenyőben zsiradék nélkül megsütjük a salátához. Tányérokra rakjuk a kiviszeletekkel együtt.
3. Meglocsoljuk a gyümölcsöt az öntettel, és díszítjük az ananászos arany kivi salátát és a joghurtot brazil dióval és kakukkfűvel.

22. Gyümölcsös popsika

Hozzávalók

- 1 kiwi
- 1 csomag eper
- 1 csomag áfonya
- 1/2 mangó
- bodzaszörp
- Víz (a formák ízétől és méretétől függően)

készítmény

1. Először készítsen elő pácolt formákat (szükség esetén öblítse le) a gyümölcsös popsikához, és tegye közel a fedőket vagy a fából készült pálcikákat.
2. A kivit meghámozzuk és szeletekre vágjuk. Az epret megmossuk és megtisztítjuk, majd apró kockákra vágjuk. Ezután megmossuk és szétválogatjuk az áfonyát. Végül a mangót meghámozzuk és vékony csíkokra vágjuk.
3. A gyümölcsöt elosztjuk a fagylaltformákon. Jól töltsd fel. A bodzaszörpöt ízlés szerint hígítsuk fel vízzel. Öntsük a bodza levét a formákra. Helyezzen be egy fedelet vagy pálcikát.
4. Fagyassza le a fagyasztóban több órára vagy egy éjszakára. A gyümölcsös popsikát a

legjobban úgy szabadíthatjuk ki a formából,
ha a formákat meleg vízbe mártjuk.

23. Flambírozott mandarin pomelo saláta

Hozzávalók

- 4-6 mandarin (mag nélküli, vagy kb. 300-400 g satsuma vagy klementin)
- 1 pomelo (vagy 2 rózsaszín grapefruit)
- 1 banán
- 2 lime (permetezetlen)
- 2-3 evőkanál méz (melegítve)
- Mazsola (ízlés szerint grappába vagy rumba áztatva)
- 4 evőkanál dió
- 6 evőkanál rum (nagy százalékos vagy konyak stb. flambírozáshoz)

készítmény

1. A flambírozott mandarin pomelo salátához hámozzuk meg a mandarint, lazítsuk fel szeletekre, és lehetőleg távolítsuk el róluk a bőrt, vagy legalább a fehér szálakat. A pomelót is meghámozzuk, szeletekre vágjuk, és ezekről lehúzzuk a héját. (A repedések széteshetnek.) A mandarint és a pomelót tedd egy edénybe, melynek levét kifolytatta. A lime-ot alaposan megmossuk, és a héját reszelőn közvetlenül a mandarinba dörzsöljük. Óvatosan keverjük össze.

2. Kifacsarjuk a lime-ot. Most meghámozzuk a banánt, szeletekre vágjuk, és azonnal meglocsoljuk egy kevés lime levével. A pácolt mandarinnal dekoratívan tányérokra rendezzük.
3. A maradék lime levét összekeverjük a felmelegített mézzel, és a salátára csorgatjuk. A diót durvára vágjuk, és egy olajmentes serpenyőben röviden megpirítjuk. Ízlés szerint keverjük össze az áztatott mazsolával, és szórjuk a salátára. Önts rájuk alkoholt és gyújtsd meg. A flambírozott mandarin és pomelo saláta jól illik ropogós omlós tésztákhoz, olasz cantuccihoz vagy ladyfingerhez.

24. Süteménytésztából készült tál

Hozzávalók

- 500 g liszt (a mennyiséget az állagtól függően állítsa be)
- 1 teáskanál szódabikarbóna
- 1 teáskanál só
- 300 g csokoládé
- 250 g vaj (lágy)
- 135 g cukor (barna)
- 190 g kristálycukor
- 1 csomag vaníliás cukor
- 2 tojás

készítmény

1. Először melegítsük elő a sütőt 190 °C-ra a süti tésztához.
2. A lisztet, a szódabikarbónát és a sót összekeverjük, majd félretesszük. A csokoládét apróra vágjuk.
3. A vajat, a kétféle cukrot és a vaníliás cukrot habosra keverjük. Egyenként hozzáadjuk a tojásokat, és minden alkalommal jól beleforgatjuk. A lisztes keveréket és a csokoládédarabkákat felváltva adagokban keverjük hozzá, amíg kinyújtható állagot nem kapunk. A tészta ne legyen túl omlós

ahhoz, hogy később könnyen formázható legyen. Összegyúrjuk, fóliába csomagolva fél órára hűtőbe tesszük.
4. Közben egy muffinsütő alját kikenjük vajjal.
5. A tésztát kinyújtjuk. Vágjon ki olyan köröket, amelyek nagyobbak, mint a cupcake formák. A tésztakört óvatosan egy duzzadóra helyezzük a muffinformába, és rányomkodjuk. Mindig hagyjon párkányt a sütihéjak között.
6. Süssük a kekszes tésztatálat körülbelül 10 percig. Kivesszük és hagyjuk kihűlni (ettől megszilárdulnak). Óvatosan kivesszük a muffin formákból.

25. Édes gesztenye krokett

Hozzávalók

- 500 g gesztenye (hámozva)
- 250 ml tej
- 90 g kekszmorzsa (vagy összetört omlós keksz)
- 1 teáskanál narancshéj (kezeletlen bionarancsból)
- 1 teáskanál citromhéj (kezeletlen bio citromból)
- 150 g vaj
- 2 tojás
- 70 g kekszmorzsa (panírozáshoz)
- 1 teáskanál vanília pép
- 1 teáskanál cukor
- olaj (sütéshez)
- Granulált cukor (szóráshoz)

készítmény

1. A gesztenyét vízben 20 perc alatt puhára főzzük, leszűrjük, és szelídgesztenye kroketthez pürésítjük.
2. A tejet a narancs- és citromhéjjal, a morzsával, a cukorral és a vaníliapéppel összekeverjük egy tálban, lassan melegítjük, majd hozzákeverjük a gesztenyepürét.

3. Felverünk egy tojást, habverővel a gesztenyés keverékhez keverjük.
4. Egy csőzsák segítségével fecskendezzen be 3 cm hosszú rudakat, és hagyja kihűlni. Ezután vizes kézzel formálj a pálcikákból krokettet vagy diónyi golyókat.
5. A második tojást felverjük és sóval ízesítjük.
6. A krokettet belemártjuk, kekszmorzsában megforgatjuk, és 180°C-os forró olajban kisütjük.
7. A kész kroketteket lyukaskanállal kiszedjük az olajból, és konyhai tekercsen lecsepegtetjük.
8. A szelídgesztenye krokettet tálalás előtt megszórjuk kristálycukorral.

26. Gyümölcssaláta vaníliakrémmel és érces keksszel

Hozzávalók

- 1 db. Mangó
- 1 darab banán
- 1 körte
- 2 db. Őszibarack
- 2 szelet narancs
- 2 evőkanál bodzaszörp
- 1 db. Rama Cremefine (vanília)
- 4 db oreo keksz

készítmény

1. A vaníliakrémes és érces kekszes gyümölcssalátához a mangót, a banánt és a körtét meghámozzuk és apró kockákra vágjuk. Az őszibarackot ugyanígy felkockázzuk. A narancsot kifacsarjuk, a levét a gyümölcsökhöz adjuk, bodzaszörppel édesítjük. Jól keverjük össze, és hagyjuk 2 órán át pácolódni.
2. Verjük fel a Rama Cremefine-t, morzsoljuk össze a kekszet.
3. A gyümölcssalátát a desszertes tálakra terítjük, rájuk öntjük a vaníliakrémet és a tetejére terítjük a morzsolt kekszet.

27. Gyümölcssaláta szeszes italokkal

Hozzávalók

- 1 banán
- 4 sárgabarack
- 1 őszibarack
- 15 szőlő
- 1 narancs (lé)
- 2 evőkanál. Bodza likőr

készítmény

1. A szeszes gyümölcssalátához először a gyümölcsöt vágjuk darabokra, facsarjuk ki a narancsot és adjuk hozzá a levét, adjuk hozzá a bodzalikőrt, jól keverjük össze. Hűtsük le körülbelül 60 percig.
2. Ezután a szeszes gyümölcssalátát tálakba osztjuk és tálaljuk.

28. Gyümölcssaláta fahéjjal

Hozzávalók

- 1 csésze natúr joghurt (1,5%)
- 1 teáskanál fahéj
- 1 teáskanál méz
- 2 evőkanál zabpehely
- 2 evőkanál kukoricapehely
- 1 alma
- 1 banán
- 1 marék szőlő

készítmény

1. A fahéjas gyümölcssalátához az almát kimagozzuk, és apró darabokra vágjuk. Ezután a banánt szeletekre vágjuk.
2. A szőlőt félbevágjuk és kimagozzuk. A joghurtot fahéjjal és mézzel összekeverjük, majd egy tálban összekeverjük a felvágott gyümölccsel.
3. Szórj a tetejére pelyheket, és élvezd a fahéjas gyümölcssalátát.

29. gyümölcssaláta

Hozzávalók

- 1 banán
- 1 alma
- néhány mazsola
- 10 eper
- Csokoládé fröccs (díszítéshez)

készítmény

1. A banánt, az almát és az epret vágjuk falatnyi darabokra a gyümölcssalátához.
2. Tedd egy tálba a mazsolát és a gyümölcsöt, és díszítsd csokoládészórással.

30. Egzotikus gyümölcssaláta

Hozzávalók

- 1/2 gránátalma
- 1/2 db. Mangó
- 1 darab. Datolyaszilva
- 200 g papaya
- 1 darab banán

készítmény

1. Az egzotikus gyümölcssalátához facsarjuk ki a gránátalmát, a levét és a magokat egy tálba tesszük. A mangót, a datolyaszilva, a papaya és a banán darabokra vágjuk, és összekeverjük a gránátalmával.

31. Gyümölcssaláta vanília fagylalttal

Hozzávalók

- 2 szelet narancs
- 2 alma
- 1 darab banán
- 1 citrom (leve belőle)
- 1/2 doboz meggy (kimagozva)
- 2 evőkanál méz
- 4 cl rum
- 4 vanília fagylalt
- 125 ml tejszínhab
- 1 marék pehely mandula

készítmény

1. A vaníliafagylaltos gyümölcssalátához a narancsot, az almát és a banánt meghámozzuk, és együtt vékony szeletekre vágjuk. Meglocsoljuk citromlével.
2. Lecsepegtetjük és hozzáadjuk a meggyet. A mézet rummal simára keverjük, ráöntjük a gyümölcsre és hagyjuk állni.
3. A kihűlt tányérokra terítjük a jeget, és ráöntjük a gyümölcssalátát. A tejszínhabot verjük kemény habbá, és díszítsük vele a gyümölcssalátát.

4. A tetejére szórjuk a mandulát, és vanília fagylalttal tálaljuk a gyümölcssalátát.

32. Gyümölcssaláta ütéssel

Hozzávalók

- 1 db. narancs
- 150 g eper
- 100 g málna
- 1/4 darab dinnye
- 1 alma
- 100 g cseresznye
- 1 citrom
- 50 gramm szőlő
- 40 ml Malibu

készítmény

1. A gyümölcssalátához távolítsuk el az eper zöldjét, és mossuk meg málnával, cseresznyével és szőlővel. Ezután hámozzuk meg a narancsot és a dinnyét, és vágjuk apró darabokra.
2. Az epret felezzük és negyedeljük. Az almát kimagozzuk és apró kockákra vágjuk. A meggyet kimagozzuk, és a szőlővel együtt félbevágjuk. Keverjük össze a gyümölcsöket egy tálban, és facsarjuk rá a citromot.
3. Végül meglocsoljuk a gyümölcssalátát Malibuval, és jól összekeverjük.

33. Gyümölcssaláta rumos mazsolával

Hozzávalók

- 1 darab banán
- 1 alma
- 1 db. Mangó
- 1 db. narancs (leve belőle)
- 4 evőkanál rumos mazsola
- 1 evőkanál méz

készítmény

1. A rumos mazsolával készült gyümölcssalátához a mangót hámozzuk meg és vágjuk ki a magjából. Ezután meghámozzuk a banánt, hosszában félbevágjuk és szeletekre vágjuk.
2. Az almát felnegyedeljük, kimagozzuk, és kis szeletekre vágjuk. Kifacsarjuk a narancsot. Pácold be a gyümölcsöt mézzel és narancslével, keverd össze a rumos mazsolával.
3. Desszertes tálakba osztva a gyümölcssalátát rumos mazsolával jól lehűtve tálaljuk.

34. Gyümölcssaláta joghurtos kalappal

Hozzávalók

- 1 alma
- 1 db. narancs
- 1 körte
- 50 g szőlő
- 500 g epres joghurt (könnyű)
- 1 adag folyékony édesítőszer
- 4 db Amarena cseresznye

készítmény

2. A joghurtos kalappal készült gyümölcssalátához meghámozzuk és feldaraboljuk a gyümölcsöt.
3. Filézze ki a narancsot, forraljon fel 50 ml vizet 1 csepp édesítőszerrel. Rövid ideig forraljuk fel a gyümölcsöt. Csatorna.
4. Az epres joghurtot összekeverjük gyümölcsdarabokkal, tálakba töltjük, és mindegyiket egy-egy cseresznyével díszítjük.
5. A gyümölcssalátát joghurtos kupakkal tálaljuk.

35. Gyümölcssaláta joghurttal

Hozzávalók

- 250 g szőlő
- 3 darab nektarin
- 250 g natúr joghurt
- Áfonya (ízlés szerint)

készítmény

1. A gyümölcssalátához a szőlőt és a nektarint megmossuk, majd a nektarint darabokra vágjuk. Ezután tegyük egy tálba, és adjuk hozzá a szőlőt.
2. Jól összekeverjük, és kis tálkákba öntjük, a tetejére natúr joghurtot teszünk, és ízlés szerint áfonyát is adunk hozzá.

36. Gyümölcssaláta camemberttel

Hozzávalók

- 1/2 darab cukordinnye
- 2 szelet görögdinnye
- 2 szelet narancs
- 2 db. Kiwi (sárga)
- 4 szelet Camembert
- só
- 2 evőkanál olaj
- 2 evőkanál fehérborecet
- bors (fehér)

készítmény

1. A camembert-es gyümölcssalátához egy narancsot jól megmosunk, a héját a héjával lehúzzuk, a narancsot kettévágjuk és kinyomkodjuk. A levét tartsd el a páchoz.
2. A második narancsot meghámozzuk és vastagon kifilézzük. A kivit meghámozzuk és kockákra vágjuk. Golyós kivágóval szúrjunk ki a dinnyéből különböző méretű golyókat.
3. Az összes gyümölcsöt egy tányérra helyezzük, rátesszük a camembert-et, és ráöntjük az ecetből, olajból, sóval, fehérborssal és narancshéjjal készült pácot.

37. Gyümölcssaláta napraforgómaggal

Hozzávalók

- 2 bébi ananász
- 1 alma
- 1 körte
- 2 evőkanál citrom (lé)
- 2 banán
- 1 kivi (esetleg 2)
- 6 evőkanál narancslé
- 2 evőkanál kókuszszósz
- 2 evőkanál napraforgómag

készítmény

1. A napraforgómagos gyümölcssalátához az ananászt megtisztítjuk, héját eltávolítjuk, és kb. 1/2 cm vastag szeletekre vágjuk.
2. Távolítsuk el a szárat, negyedeljük a szeleteket és tegyük egy elég nagy tálba. Öblítsük le az almát és a körtét, távolítsuk el a magházat, kockázzuk fel, és keverjük össze az ananásszal.
3. A gyümölcsdarabokat meglocsoljuk egy citrom levével, a banánról és a kiviről lehúzzuk a héját, finom szeletekre vágjuk, és óvatosan a többi gyümölcs alá helyezzük.

4. A narancslevet és a napraforgómagot a salátára öntjük, a kész gyümölcssalátát pedig kókuszdióval megszórt napraforgómaggal tálaljuk.

38. Gyümölcssaláta joghurtos szósszal

Hozzávalók

- 500 g eper
- 2 evőkanál cukor
- 0,5 charantais vagy mézharmat dinnye
- 200 g szilva pl. kék és sárga
- 4 evőkanál citromlé (vagy citromlé)
- 1 csésze (236 ml) szeletelt ananász
- 150 g tejszínes joghurt
- 1 csomag vaníliás cukor
- Esetleg egy kis friss menta

készítmény

1. Öblítse le és tisztítsa meg az epret, és méretének megfelelően félezze vagy negyedelje. Egy sütőedényben megszórjuk cukorral. Fedjük le és húzzuk körülbelül 15 percig.
2. A dinnyét kimagozzuk és szeletekre vágjuk. Vágja le a húst a bőréről. A szilvát megmossuk, a kövéből szeletekre vágjuk. Meglocsoljuk lime- vagy citromlével. Az elkészített hozzávalókat összekeverjük.
3. Az ananászmártáshoz 1 szelet kivételével kockákra vágjuk és a levével összemorzsoljuk. Belekeverjük a joghurtot

és a vaníliás cukrot. A gyümölcssaláta formán.
4. A többi ananászt kockákra vágjuk. Ízlés szerint vágd fel a mentát. Mindkettőt a salátára szórjuk.

39. Gyümölcssaláta vaníliás joghurtos szósszal

Hozzávalók

gyümölcs:

- 2 alma
- 1 banán
- 1/2 citrom leve
- 2 narancs

Szósz:

- 1 tojás fehérje
- 2 evőkanál cukor
- 1 vaníliarúd
- 75 g joghurt
- 1 tojássárgája
- 100 g tejszínhab

készítmény

1. Az almát szeletekre vágjuk, a banánt felszeleteljük és meglocsoljuk egy citrom levével. A narancsot darabokra vágjuk. A gyümölcsöt egyenletesen elosztjuk négy tányéron.
2. A tojásfehérjét verjük kemény habbá, szórjuk bele a cukrot a szószhoz. Vanília hüvely. Kaparjuk ki, keverjük össze a joghurttal és a tojássárgájával. A

tejszínhabot verjük kemény habbá, forgassuk bele a tojásfehérjével. A gyümölcsformához.

40. Gyors gyümölcssaláta

Hozzávalók

- 1 alma (közepes)
- 1 banán
- 1 marék szőlő
- néhány eper
- néhány cseresznye (kimagozott)
- 1 doboz gyümölcskoktél
- citrom
- nádcukor (ha szükséges)

készítmény

1. A gyors gyümölcssalátához a gyümölcsöt megmossuk, feldaraboljuk és kimagozzuk, ha szükséges. A banánt meglocsoljuk citromlével, hogy ne barnuljanak meg.
2. Tegyünk mindent egy tálba a gyümölcskoktéllal, és ízesítsük nádcukorral és vaníliás cukorral.

41. Trópusi gyümölcs és gyümölcssaláta ütéssel

Hozzávalók

- 1/2 ananász
- 1 darab banán
- 12 db Amarena cseresznye
- 4 evőkanál grenadin szirup
- 4 evőkanál kókusz rum
- 60 ml tojáslikőr

készítmény

1. A banánt meghámozzuk és szeletekre vágjuk a trópusi gyümölcshöz és a gyümölcssalátához. Ezután hámozzuk meg az ananászt, vágjuk ki a szárát, és vágjuk apró darabokra a húsát.
2. Az ananászdarabokat és a banánszeleteket összekeverjük a grenadinsziruppal, a kókuszrummal és a tojáslikőrrel, legalább 1 órát hagyjuk pácolódni.
3. A trópusi gyümölcs-gyümölcs saláta 4 gyönyörű pohárral, 3 fekete cseresznyével borítva.

42. Színes gyümölcssaláta

Hozzávalók

- 500 g szőlő (mag nélküli)
- 2 alma
- 2 körte
- 2 db. Őszibarack
- 1/2 darab cukordinnye
- 500 g eper
- 2 szelet narancs
- 2 szelet citrom (annak leve)
- 5 evőkanál bodzaszörp
- 4 evőkanál méz

készítmény

1. A gyümölcssalátához a narancsot meghámozzuk, a narancskarikákat kifilézzük, majd a többiből kicsavarjuk a levét.
2. Az epret megtisztítjuk és feldaraboljuk. Távolítsuk el a magokat az almából, a körtéből és a dinnyéből, és vágjuk apró darabokra. Ezután félbevágjuk a szőlőt, feldaraboljuk az őszibarackot.
3. Tedd az összes gyümölcsöt egy nagy tálba, keverd össze a bodzaszörppel és a mézzel. A gyümölcssalátát egy órát hűtjük.

43. Túrós joghurtos krém gyümölcssalátával

Hozzávalók

- 300 g joghurt (görög)
- 250 g-os krémes edények
- 2 evőkanál agave szirup
- 2 evőkanál vanília paszta
- 1/2 alma
- 1/2 körte
- 60 g áfonya
- 15 szőlő (mag nélküli)
- 6 eper
- 4 cl maraschino
- 2 evőkanál citromlé

készítmény

1. A túrós és joghurtos krémhez gyümölcssalátával az almáról és a körtéről kivesszük a magházat, és feldaraboljuk.
2. A szőlőt félbevágjuk, az epret negyedeljük. A gyümölcsöket maraschinóval és citromlével pácoljuk, 30 percre hűtőbe tesszük. A joghurtot összekeverjük a túróval, az agave sziruppal és a vaníliapürével.
3. A túrókrémet kenjük a desszertes tálakra, majd öntsük rá a gyümölcsöt és a

gyümölcslevet. A dugós joghurtos krémet gyümölcssalátával azonnal hidegen tálaljuk.

44. Cukormentes gyümölcssaláta

Hozzávalók

- 4 alma (bio)
- 500 g szőlő (bio)
- 500 g eper (bio)
- 4 banán (bio, érett)
- 3 körte (bio)
- 6 evőkanál kőcukorka (por)
- 1 citrom

készítmény

1. A gyümölcsöt a gyümölcssalátához nagyon alaposan megmossuk és apró kockákra vágjuk. NE hámozd le, mivel a legtöbb vitamin a héjban van! Helyette tegyünk mindent egy nagy tálba, és jól keverjük össze.
2. Ezután szórjuk a kőcukorkát a tetejére, és keverjük újra jól. A végén adjuk hozzá a citromlevet, egyrészt azért, hogy a gyümölcs ne barnuljon meg, másrészt azért, hogy a gyümölcssaláta egyfajta élénkséget adjon.

45. Egyszerű gyümölcssaláta

Hozzávalók

- 400 g ananász (darabokban)
- 3-4 alma (kicsi)
- 1-2 szelet banán
- 1 db. narancs
- 1 darab. Datolyaszilva
- 1-2 db. Kiwi

készítmény

1. Először az ananászt és a konzerv levét tedd egy nagy tálba a gyümölcssalátához. Ezután kimagozzuk az almát, és apróra vágjuk, és az ananászhoz adjuk.
2. Ezután a többi gyümölcsöt meghámozzuk, és apró darabokra vágjuk. (a datolyaszilva héjával együtt is fogyasztható)
3. Elrendezzük és tálaljuk a gyümölcssalátát.

46. Vegán gyümölcssaláta

Hozzávalók

- 1 db. Grapefruit
- 2 szelet kivi
- 1 alma
- 3 evőkanál szójajoghurt

készítmény

1. A gyümölcssalátához a grapefruitot és a kivit meghámozzuk, az almát megmossuk. Ezután mindent falatnyi darabokra vágunk, és egy tálba tesszük.
2. Hozzáadjuk a szójajoghurtot, és az egészet jól összekeverjük.

47. Sárga gyümölcssaláta

Hozzávalók

- 1 db. Mangó (érett)
- 2 körte (sárga, érett)
- 2 alma
- 2 szelet banán
- 2 őszibarack (sárga húsú)
- 1 citrom
- 1 evőkanál méz (folyékony)

készítmény

1. A gyümölcssalátához a mangót hámozzuk meg, válasszuk le a kőtől, és vágjuk falatnyi darabokra. A körtét és az almát megmossuk, magházát eltávolítjuk, és falatnyi darabokra vágjuk.
2. A banánt meghámozzuk és falatnyi szeletekre vágjuk. Ezután mossuk meg az őszibarackot, távolítsuk el a magját, és vágjuk falatnyi darabokra.
3. Tegye a felvágott gyümölcsöt egy tálba, és keverje össze. Kifacsarjuk a citromot. Keverjük össze a levét a mézzel, és csorgassuk rá a gyümölcsöt.

48. Dinnye gyümölcssaláta

Hozzávalók

- 300 g görögdinnye
- 1/2 darab mézharmat dinnye
- 1/2 darab cukordinnye
- szőlő
- 1 alma
- 2 szelet narancs (annak leve)
- 2 evőkanál méz
- 125 ml víz

készítmény

1. A dinnyés gyümölcssalátához a dinnyét meghámozzuk, megtisztítjuk és apró kockákra vágjuk. A szőlőt félbevágjuk. Az almát meghámozzuk és apró kockákra vágjuk. A narancsot kifacsarjuk.
2. A vizet mézzel felforraljuk, lehűtjük és a gyümölcskockákra öntjük, hozzáadjuk a narancslevet. Tedd hűvös helyre, és hagyd pácolódni legalább 60 percig.

49. Kiwi gyümölcssaláta

Hozzávalók

- 600 g ananász
- 4 kivi
- 2 banán
- 1 gránátalma
- 2 csomag vaníliás cukor
- 2 ek porcukor
- 3 evőkanál citrom (lé)
- 3 evőkanál grenadin szirup

készítmény

1. A kivi salátához először az ananászt hosszában nyolcadokra vágjuk, a szár tövét apróra, a héját pedig átlósan darabokra vágjuk. Hámozza meg és szeletelje fel a kivit és a banánt.
2. A gránátalmát átlósan felvágjuk, a magokat és a levét kanállal kikaparjuk. Keverjünk össze mindent egy tálban. Egy citrom levét, a porcukrot, a vaníliás cukrot és a grenadint összekeverjük a gyümölccsel. Jéghidegen tedd az asztalra a kivi salátát.

50. Szilvás és ananászos gyümölcssaláta

Hozzávalók

- 1 ananász
- Cointreau
- édesem
- menta
- 11 szilva
- porcukor

készítmény

1. A szilvás-ananászos gyümölcssalátához vágjuk fel az ananászt. A szilvát félbevágjuk és kimagozzuk, szeletekre vágjuk, és Cointreau-val, mentával és mézzel pácoljuk.
2. Adjuk hozzá az ananászdarabokat, keverjük össze és rendezzük el az egész gyümölcssalátát a kivájt ananászban. Porcukorral megszórva tálaljuk a szilvás, ananászos és gyümölcssalátát.

51. Gyümölcssaláta gránátalmával

Hozzávalók

- 1/2 gránátalma
- 2 mandarin
- 2 banán
- 4 szilva
- 1 alma
- 1 láb

készítmény

1. A gránátalmás gyümölcssalátához először citrusfacsaróval facsarjuk ki a gránátalma felét, és tegyük egy tálba (mindent - beleértve a préselésből visszamaradt magokat is).
2. A mandarint is kinyomkodjuk. A banánt feldaraboljuk, hozzáadjuk és villával pépesítjük. A szilvát, az almát és a datolyaszilva kis darabokra vágjuk és belekeverjük - kész is a gránátalmás gyümölcssaláta.

52. Gyümölcssaláta dióval

Hozzávalók

- 2 szelet narancs
- 2 banán (érett)
- 1 alma
- 1 körte
- 2 evőkanál dió (reszelve)

készítmény

1. A gyümölcssalátához a narancsot kifacsarjuk, és egy tálba tesszük. A pép (mag nélkül) is hozzáadható. Ezután meghámozzuk és felszeleteljük a banánt.
2. A narancslevet villával pépesítjük. Az almát és a körtét feldaraboljuk és összekeverjük. Megszórjuk a reszelt dióval.

53. Friss gyümölcs koktél

Hozzávalók

- 1 ananász (Hawaii, hámozott)
- 4 őszibarack (hámozva)
- 2 gránátalma (a köveket eltávolítva)
- 2 Granny Smith alma (kimagozva, kockára vágva)
- 400 g szőlő (zöld és mag nélküli)

készítmény

1. A gyümölcskoktélhoz a gyümölcsöt megmossuk és mindent feldarabolunk.
2. A gyümölcsöket összekeverjük és együtt tálaljuk.

54. Mentás gyümölcssaláta

Hozzávalók

- 2 sárgabarack
- 2 őszibarack
- 1 körte
- 1 marék eper (tisztítva)
- 6 mentalevél (csíkokra vágva)
- 3 teáskanál cukor

készítmény

1. A mentás gyümölcssalátához a kajszibarackot és az őszibarackot megmossuk, a magházát kivesszük és apró kockákra vágjuk. A körtét megmossuk, negyedeljük, magházát kivesszük, kockákra vágjuk. Az epret kellemes darabokra osztjuk, mindent jól összekeverünk.
2. Hozzáadjuk a cukrot és a mentát, majd hidegen mentával tálaljuk a gyümölcssalátát.

55. Görögdinnye és körte saláta garnélával

Hozzávalók

- 190 g garnélarák (pácolt)
- 2 szelet görögdinnye
- 1 körte
- 1 csipet balzsamecet (rosso)
- 1/2 csokor metélőhagyma

készítmény

1. A görögdinnyéhez és a körtéhez vágjuk nagyobb kockákra a garnélarákos görögdinnye és körte salátát.
2. A metélőhagymát is apróra vágjuk.
3. A garnélarákokat néhány percig sütjük egy tapadásmentes serpenyőben anélkül, hogy további zsiradékot adnánk hozzá, mert már pácoltak. Végül kb 1 percig pirítsuk a görögdinnyekockákat, majd vegyük le a serpenyőt a tűzről.
4. Belekeverjük a körtekockákat és 1 percig állni hagyjuk. Ízesítsük egy csepp balzsamecettel, keverjük össze újra, és tálaljuk a görögdinnye-körte salátát garnélarákkal megszórva metélőhagymával.

56. Narancs-kivi saláta jéggel

Hozzávalók

- 3 szelet narancs
- 4 db kivi
- 100 g koktél gyümölcs
- narancslikőr (ízlés szerint)
- 1 db. narancs (leve belőle)
- 2 evőkanál méz
- 1/2 citrom (leve belőle)
- Pisztácia (apróra vágva)
- 120 g vanília fagylalt

készítmény

1. A fagylaltos narancs-kivi salátához a narancsot és a kivit meghámozzuk és vékony szeletekre vágjuk. A koktél gyümölcsöket lecsepegtetjük.
2. Keverjük össze a gyümölcsöket és hűtsük le. Hűtsük le az üvegtálakat. A narancs- és citromlevet narancslikőrrel és mézzel elkeverjük, óvatosan összekeverjük a gyümölcsökkel, és fél órára hűtőben pihentetjük.
3. A vanília fagylaltot négy részre osztjuk. Mindegyik kihűlt üvegtálba tegyünk egy adag vaníliafagylaltot, borítsuk be a

gyümölcssalátával, szórjuk meg apróra vágott pisztáciával és azonnal tálaljuk.

57. Meggybefőtt

Hozzávalók

- 1 kg meggy
- víz
- 4 evőkanál nádcukor
- 1 csipet vaníliás cukor

készítmény

1. A meggybefőthez megmossuk és kimagozzuk a meggyet. Tegyük egy nagy serpenyőbe, és töltsük fel vízzel, hogy ellepje a meggyet. Adjunk hozzá nádcukrot és vaníliás cukrot.
2. Forraljuk fel a kompótot, és lassú tűzön főzzük körülbelül 5 percig. Közben készítse elő a szemüveget. A meggybefőttet öntsük a poharakba, zárjuk le és tisztítsuk meg.
3. Ezután fordítsa fejjel lefelé (hogy vákuum jöjjön létre a poharakban), és takarja le egy takaróval (a lassú hűtés érdekében).

58. Ananász lövéssel

Hozzávalók

- 1 darab. Ananász 1,5 kg
- 1/8 l tejföl
- 3 szelet banán
- 2 stamperl rum (fehér)
- 50 g csokoládészórt

készítmény

1. Vágja le az ananász fedelét egy ananászlövéssel. Ezután kis késsel vágjuk ki a pépet (1 cm-es szélét hagyjuk állni), és vágjuk fel a pépet kb. 1 cm méretű.
2. A banánt vékony szeletekre vágjuk, és az ananászdarabokkal és a többi hozzávalóval egy tálban összekeverjük, majd az üres ananászhoz öntjük. Fedjük le az ananászt fedéllel, és tálalásig tegyük a hűtőbe.

59. Bodza ecet

Hozzávalók

- 3/4 l ecet
- 2 evőkanál akácméz
- 3/4 pohár bodzavirág

készítmény

1. A bodzaecethez egy tiszta, lezárható egyliteres üveget 3/4-ig töltsünk a rovaroktól gondosan leszakított bodzavirággal.
2. Keverjük össze a mézet és az ecetet, öntsük fel, és pihentessük sötét helyen körülbelül 4 hétig.
3. A bodza ecetet tárolja egy pohárban, vagy azonnal használja fel.

60. Szójapuding színes gyümölcssalátával

Hozzávalók

- 500 ml szójaitalt
- 1 csomag vaníliás pudingpor
- 2 evőkanál cukor
- 1 őszibarack
- 1 db kivi
- 3 eper
- 8 licsi
- 1 marék szőlő
- 1 darab lime (lé)
- 2 evőkanál bodzaszörp

készítmény

1. A színes gyümölcssalátás szójapudinghoz a vaníliás pudingot szójaitallal a csomagoláson található utasítás szerint megfőzzük, pudingformákba töltjük és néhány órára hűtőbe tesszük.
2. A gyümölcsöt apró darabokra vágjuk, lime levével és bodzasziruppal bepácoljuk. A pudingot kifordítjuk a formából, a puding köré helyezzük a gyümölcssalátát.

61. Gyümölcssaláta görögdinnyével

Hozzávalók

- 150 g málna
- 100 g bogyós gyümölcsök (pl. szeder, áfonya)
- 2 őszibarack (nagy)
- 8 sárgabarack
- 8 szilva
- 1 citrom
- 50 gramm cukor
- 50 ml maraschino
- 1 görögdinnye (közepes)
- borsmenta (friss)

készítmény

1. A görögdinnye gyümölcssalátához először meghámozzuk, kimagozzuk, felnegyedeljük és felvágjuk az őszibarackot. Ezután félbevágjuk a sárgabarackot és a szilvát, eltávolítjuk a magházat, és feldaraboljuk. A málnát és a cukrot egy kellően nagy tálba tesszük, és meglocsoljuk citromlével és maraschinóval. Röviden hűtsük le.
2. A görögdinnyét felvágjuk, a pépet apró kockákra vágjuk, és összekeverjük a maradék gyümölccsel. Díszítsd a

gyümölcssalátát görögdinnyével és borsmentával, és tedd az asztalra.

62. Körte-szilva saláta

Hozzávalók

- 1/2 kg szilva
- 1/2 kg körte
- 3 evőkanál citrom (lé)
- 2 evőkanál körteszirup
- 5 napos mandulapehely
- 5 napos napraforgómag
- 1/4 l savanyú tej

készítmény

1. A körte-szilva salátához a napraforgómagot serpenyőben zsír nélkül pirítsuk illatosra. Hagyjuk kihűlni.
2. A szilvát megmossuk, félbevágjuk, kimagozzuk, a felét szeletekre vágjuk.
3. A körtéket meghámozzuk és negyedeljük, a magházat kivesszük, a gyümölcsöt kockákra vágjuk.
4. A gyümölcsdarabokat meglocsoljuk citromlével.
5. A maradék citromlevet, a körteszirupot és a savanyú tejet összekeverjük és a gyümölcshöz keverjük.
6. A körte-szilva salátát szórjuk meg napraforgómaggal és mandulapelyhekkel.

63. Gyümölcssaláta mogyorómártással

Hozzávalók

- 1/2 cukor dinnye
- 1/2 ananász
- 1 csomag physalis
- néhány szőlő (nagy, mag nélküli)
- 3 evőkanál mogyoróvaj (ropogós)
- 4 evőkanál narancslé (frissen facsart)
- 2 evőkanál lime leve (frissen facsart)
- 1/2 evőkanál porcukor
- 4 fogpiszkáló

készítmény

1. Először a peanu-s gyümölcssalátához az ananászszeletet vágjuk falatnyi kockákra, majd hámozzuk meg a dinnyét és vágjuk kockákra. Mossa meg a szőlőt.
2. A mártáshoz keverjük össze a mogyoróvajat frissen facsart narancs és lime levével és porcukorral.
3. A gyümölcssalátát mogyorómártással tálaljuk. A gyümölcsdarabokat fogpiszkálóval felnyársaljuk, és a mártogatóba mártjuk.

64. Kókuszos gyümölcssaláta zúzott jéggel

Hozzávalók

- 1 kókusz
- ízlés szerint vegyes gyümölcs (papaya, ananász, mangó)
- Azuki bab kocka (vagy agar-agar kocka)
- 1,5 evőkanál juharszirup
- Barna cukor ízlés szerint
- 3,5 evőkanál sűrű kókusztej
- 4 csésze finomra zúzott jég
- Fahéj ízlés szerint

készítmény

1. Először nyissa ki a kókuszt. Ehhez kalapáccsal és szöggel fúrjon 2 vagy 3 lyukat a kókuszba a szakáll alatti sötét helyeken (gödröcskék). Tegyünk egy szitát egy serpenyőre, tegyük bele a kókuszt, és hagyjuk lecsepegni a kókuszvizet. (Ha szükséges, dugóhúzóval fúrjuk mélyebbre a nyílásokat.) Ezután tegyük a kókuszt a 180 fokra előmelegített sütőbe kb. 20 percig, majd távolítsa el újra. Üsd meg erősen kalapáccsal, és nyissa ki a kókuszt. Lazítsa meg a pépet, és vágja apró kockákra. A maradék gyümölcsöket is nagyon apró

kockákra vágjuk, és mindent összekeverünk. A kókusztejjel, a juharsziruppal és a barna cukorral összekeverjük a kókuszvizet, majd ráöntjük a gyümölcsre. Óvatosan keverjük össze. Hozzákeverjük a nagyon finomra tört jeget és tálaljuk.

65. Fagylalt babmártással és gyümölcssalátával

Hozzávalók

- 8 marék tojásfehérje (vagy tört jég)
- Bab paszta (piros)
- 250 ml cukorszirup
- 3 evőkanál amaretto cseresznye (díszítéshez)
- A gyümölcssalátához:
- Gyümölcs (pl. őszibarack, eper, ízlés szerint)
- Citromlé
- cukor

készítmény

1. A babmártással és gyümölcssalátával készült fagylalthoz keverjük össze a babpépet a cukorsziruppal. Először öntsünk egy kis jeges havat egy borospohárba. Ezután tegyünk a tetejére egy kis kanál babpasztát és egy evőkanál gyümölcssalátát. Amaretto cseresznyével díszítjük és tálaljuk.

66. Sajtos-gyümölcssaláta

Hozzávalók

- 3 db sárgabarack
- 1/2 ananász
- 1 alma (nagy)
- 300 g Gouda
- 250 ml tejszínhab
- 3 evőkanál ananászlé
- Citromlé
- 2 teáskanál mustár (forró)
- só
- bors
- zöldsaláta (díszítésnek)

készítmény

1. A sajtos-gyümölcs salátához a gyümölcsöt szeletekre, kockákra, a sajtot szeletekre vágjuk.
2. Készítsünk pácot tejszínhabbal, citromlével, ananászlével, mustárral, sóval, borssal, majd öntsük rá a gyümölcsre és a sajtra. Az egészet jól összekeverjük, és kicsit hagyjuk állni.
3. A kész sajtot és a gyümölcssalátát salátalevelekre rendezzük és tálaljuk.

67. Gyümölcssaláta gyümölcsöntettel

Hozzávalók

Az öltözködéshez:

- 3 kivi
- 2 körte (hámozott)
- A salátához:
- 2 banán
- 2 mandarin
- 150 g szőlő (kék-fehér; mag nélküli)
- 1 kiwi
- 1 körte
- 1 alma
- 1 marék dió (vagy mogyoró)
- 4 evőkanál cukor

készítmény

1. A gyümölcsöntettel ellátott gyümölcssalátához készítsünk a gyümölcsökből gyümölcssalátát.
2. Az almát és a körtét meghámozzuk és negyedeljük, a magházat eltávolítjuk, és a gyümölcsdarabokat újra felvágjuk.
3. Egy kis serpenyőben az alma- és körtedarabokat kevés vízzel és 1 evőkanál cukorral al dente pároljuk.

4. A kivit és a banánt meghámozzuk és felszeleteljük, a szőlőt megmossuk, a szárát leszedjük.
5. A mandarint meghámozzuk, kockákra vágjuk, a diót durvára vágjuk.
6. A gyümölcsöket egy nagy tálban jól összekeverjük.
7. Az öntethez a kivit és a körtét meghámozzuk. Távolítsa el a magot a körtéről, és helyezze a gyümölcsöt egy magas keverőpohárba.
8. 3 evőkanál cukorral botmixerrel pürésítjük.
9. Az öntetet a gyümölcsre öntjük, a gyümölcssalátát aprított dióval megszórt gyümölcsöntettel tálaljuk.

68. Sült gyümölcssaláta hideg gratinnal

Hozzávalók

- 500 g túró
- 250 ml tejszínhab
- 1 banán (szeletekre vágva)
- 10 eper (kockára vágva)
- 10 szőlő (fehér, félbevágva)
- 1 csipet cukor
- 1 csomag ropogós
- 1 csomag mandula szelet
- 1 csomag vaníliás cukor

készítmény

1. A gyümölcssalátához a gyümölcsöket egy tálban elosztjuk. A túrót összekeverjük a tejszínhabbal és hozzáadjuk a cukrot. Öntsük a keveréket a gyümölcsre, és simítsuk el az egészet.
2. A mandulaszeleteket, a törékeny és a vaníliás cukrot összekeverjük, és erősen a tetejére szórjuk. Hűtőbe tesszük legalább 60 percre.

69. Gyümölcssaláta ropogós quinoával

Hozzávalók

- 40 g quinoa
- 0,5 tk búzacsíra olaj
- 3 teáskanál juharszirup
- 125 ml író
- 2 sárgabarack
- 200 g bogyós gyümölcs (keverve)

készítmény

1. Terhes és szoptatós anyáknak: kiadós müzli
2. A quinoa, a Közép-Amerikából származó gabonaszerű szemek magas fehérje-, vas- és kalciumtartalmuk miatt rendkívül értékesek. Aprók és nagyon enyhe ízűek. A Kukuruzhoz hasonlóan "pattogtathatod" őket. De ügyeljen arra, hogy ne legyenek túl sötétek. A salátát desszertként egy gombóc vaníliafagylalttal tehetjük meg.
3. A quinoát egy serpenyőben olajjal megkenjük, és lassú tűzön addig hevítjük, amíg szét nem reped. 1-2 perc elteltével adjuk hozzá a juharszirup egyharmadát, röviden pirítsuk meg, öntsük hideg deszkára és kenjük szét. Az írót összekeverjük a szirup többi részével, áttesszük egy tálba.

Öblítse le a gyümölcsöt, tisztítsa meg a bogyókat, vágja szeletekre a sárgabarackot. Mindkettőt egyenletesen eloszlatjuk az íróban. Majd a tetejére szórjuk a kihűlt quinoát.

4. A felpattantott quinoából is kiváló fagylalt készíthető: Fagyassz le negyed liter írót. Kivesszük a fagyasztóból, és 50 g mézzel és 1 csipet vaníliaporral krémesre keverjük. Ezután felverünk 0,2 liter tejszínhabot, és gyorsan hozzákeverjük az íróhoz. Végül keverjük hozzá a kihűlt - fentebb leírtak szerint elkészített - quinoát, és legalább 6 órára fagyasszuk le a fagyasztóban. Fogyasztás előtt 30 perccel hűtőbe tesszük. Friss gyümölcsöt, esetleg félkemény tejszínhabot tegyünk az asztalra.

70. Gyümölcssaláta chachacha sziruppal

Hozzávalók

Chachacha menta szirup:

- 100 g cukor
- 200 ml vizet
- 200 ml narancs (lé)
- 3 menta
- 2 szegfűszeg
- 6 evőkanál chachacha; Fehér cukornád pálinka

Gyümölcssaláta:

- 1 mangó 650 g
- 1 papaya 450 g
- 1 ananász 1,5 kg
- 4 tamarilló
- 3 narancs
- 250 g-os földi seregek
- 125 g ribizli
- 1 maracuja
- 3 menta

készítmény

1. A sziruphoz a cukrot 200 ml vízzel, a narancslével és a mentaszárral sziruposan felforraljuk. Adjuk hozzá a szegfűszeget és

hagyjuk kihűlni. Adjuk hozzá a chachachát és hagyjuk kihűlni.
2. A salátához távolítsa el a mangó, a papaya és az ananász héját. Vágja le a mangóhúst a kőből. A papayát félbevágjuk, a magokat kanállal kiszedjük. Az ananászt negyedelje és távolítsa el a szárát. A gyümölcsöt falatnyi darabokra vágjuk. A tamarillót a szárára vágjuk, 1 percre forrásban lévő vízbe tesszük, lehűtjük és meghámozzuk. A gyümölcsöt 1/2 cm vastag szeletekre vágjuk. Távolítsa el a narancs fehér héját a héjáról, és távolítsa el a filét az elválasztó héjak között. Az epret megmossuk, lecsepegtetjük, felezzük vagy negyedeljük. A ribizlit megmossuk, lecsepegtetjük. A passiógyümölcsöt félbevágjuk.
3. Távolítsa el a mentát és a szegfűszeget a szirupból. Keverjük össze a gyümölcsöket a sziruppal, pácoljuk 10 percig. Szedd le a mentaleveleket, és szórd rá a gyümölcssalátára.

71. Gyümölcssaláta likőrmártással

Hozzávalók

- 2 banán
- 2 alma
- 2 evőkanál citrom (lé)
- 125 g szőlő
- 2 narancs
- 4 sárgabarack
- 2 evőkanál cukor

A likőrös szószhoz:

- 1 csomag friss tejszín (150g)
- 3 evőkanál Grand Marnier
- 30 g mogyorómag

készítmény

1. A banánról lehúzzuk a héját, és kis szeletekre vágjuk. Távolítsuk el az almák héját, negyedeljük le, magházukat és vágjuk kockákra. Mindkét összetevőt meglocsoljuk citromlével. A szőlőt megmossuk, lecsepegtetjük, szárát eltávolítjuk, félbevágjuk és kimagozzuk. Távolítsuk el a héját, távolítsuk el a fehér héját és vágjuk fel a narancsot. A sárgabarackot megmossuk, félbevágjuk, kimagozzuk és

szeletekre vágjuk. A hozzávalókat összekeverjük a cukorral és egy tálba formázzuk.

2. A likőrmártáshoz keverje össze a crème fraîche-t Grand Marnier-vel, vágja apró szeletekre a mogyorószemeket, hajtsa össze és öntse a szószt a gyümölcsformára.

72. Mediterrán gyümölcssaláta

Hozzávalók

- 3 gránátalma
- 3 narancs
- 3 grapefruit (rózsaszín)
- 4 ábra
- kardamom
- 15 nap cukor
- 1/4 l gyümölcslé, összegyűjtve (egyébként narancslevet adunk hozzá)

készítmény

1. A mediterrán gyümölcssalátához a narancsot és a grapefruitot filézzük: a héját a fehér belső héjával együtt lefejtjük, miközben összegyűjtjük a levét. Ezután lazítsa le a gyümölcsdarabokat a vékony hártyáról, és gyűjtse össze a levét.
2. Távolítsa el a magokat a gránátalmából.
3. A fügét alaposan megmossuk és szeletekre vágjuk.
4. A cukrot (zsír nélkül) egy kis serpenyőben felolvasztjuk és megpirítjuk (karamellizáljuk).
5. Az összegyűjtött levet felöntjük, kardamommal ízesítjük, és hagyjuk kihűlni.

6. Adjuk hozzá a gyümölcsöket, alaposan keverjük össze, és hagyjuk pácolódni a mediterrán gyümölcssalátát legalább 3 órán keresztül.

73. Hajdina gofri gyümölcssalátával

Hozzávalók

- 80 g vaj
- 75 g akácméz
- 2 tojás
- 0,5 vaníliarúd (húsa)
- 90 g hajdinaliszt
- 80 g teljes kiőrlésű liszt
- 1 teáskanál sütőpor (tartár)
- 150 ml ásványvíz
- 100 g túró
- 50 g joghurt (natúr)
- 1 evőkanál juharszirup
- 1 alma
- 1 körte
- 250 g bogyók
- citrom (lé)
- 1 gyömbér por

készítmény

1. A teljes lisztfajták különösen jó ízűek a frissen sült gofriban. Egy kis zsírral is boldogulnak. Röviden: egészséges snack az étkezések között.
2. A vajat a mézzel krémesre keverjük. Belekeverjük a tojást és a vaníliapépet.

Mindkét fajta lisztet összekeverjük a sütőporral. A keveréket a tojásos keverékhez keverjük. Annyi ásványvizet adunk hozzá, hogy viszkózus tésztát kapjunk. Áztassuk be a tésztát legalább 15 percig. Ha szükséges, adjunk hozzá még ásványvizet, majd süssük 2-3 evőkanál gofrit, amíg a tészta el nem készül. A túrót a joghurttal simára keverjük, és a juharszirup felével édesítjük. Öblítse le az almát, a körtét és a bogyókat. Az almát és a körtét negyedeljük, magházát eltávolítjuk és kockákra vágjuk. A kockákat meglocsoljuk egy kevés citromlével. Válassza ki a bogyókat, és keverje össze a többi gyümölccsel. Ízesítsük a gyümölcssalátát a maradék juharsziruppal és gyömbérporral. Két gofri közé kenj egy kis túrót,
3. Ha nincs hajdinaliszt a házban, csak teljes kiőrlésű lisztet használhat.

74. Müzli egzotikus gyümölcssalátával

Hozzávalók

- 1 ananász
- 1/2 Charentais dinnye
- 1 mangó
- 1 kiwi
- 1 papaya
- 8 eper
- Teljes kiőrlésű zabpehely
- Teljes kiőrlésű pehely
- kukoricapehely
- Mogyoró magjai
- Dió
- tej
- joghurt
- Réteges sajtot

készítmény

1. Távolítsuk el a gyümölcs héját (évszaktól és íztől függően), távolítsuk el a magokat, kockázzuk fel és keverjük össze. A müzli hozzávalóit tetszés szerint kis tepsiben tedd az asztalra, és tedd a tejtermékekkel és a gyümölcssalátával. Aki szereti, mindent édesíthet mézzel vagy cukorral.

2. Tipp: Használj krémes natúr joghurtot a még finomabb eredményért!

75. Ázsiai gyümölcssaláta üvegtésztával

Hozzávalók

- 1 narancs
- 1 csomag borsó
- 1 csomag üvegtészta
- édesem
- Menta levelek
- 12 licsi
- 0,5 pepperoni
- cukor

készítmény

1. Minden alkalomra remek tésztaétel:
2. Keverjük össze az apróra vágott fél pepperonit és a cukorban főtt üvegtésztát. Rátesszük a filézett narancsot, és mentalevéllel díszítjük.

76. Fűszeres gyümölcssaláta

Hozzávalók

- 1/2 görögdinnye (lehetőleg mag nélkül)
- 1 db. Mangó (lágy)
- 250 g eper
- 150 g feta
- balzsamecet (sötét, ízlés szerint)
- Bors (frissen őrölt, színezett, ízlés szerint)

készítmény

1. A fűszeres gyümölcssalátához mindent apróra vágunk, és egy nagy tányérra rendezzük.

77. Dinnye licsivel és ananásszal

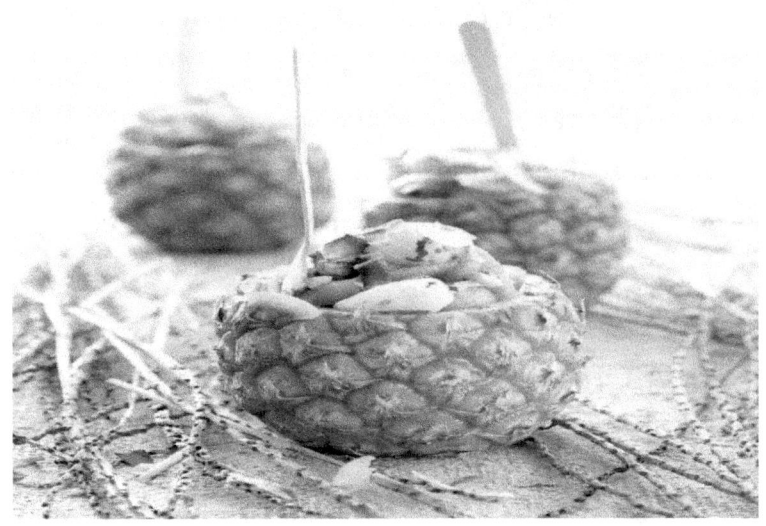

Hozzávalók

- 1 darab cukordinnye (nagy vagy 1/2 görögdinnye)
- 1 adag licsi
- 400 g ananász (vagy eper, frissen)
- 5 evőkanál gyömbér (konzerv)
- Pár evőkanál gyümölcslikőr

készítmény

1. A licsivel és ananászos dinnyéhez vágja ki és vájja ki a dinnyét, hogy a kész gyümölcssalátát a tálakba töltse.
2. A dinnye húsát felkockázzuk, ha szükséges a többi gyümölcsöt is. Ízlés szerint öntsük a likőrt a gyümölcsre.
3. A gyömbért apróra vágjuk és mindent összekeverünk. Hűtsük le több órán át.
4. Tálalás előtt a gyümölcsöt a dinnyehéj felébe öntjük, és a dinnyét licsivel és ananásszal tálaljuk.

78. Tojás és gyümölcssaláta

Hozzávalók

- 4 tojás
- 300 g körteszeletek
- 400 g alma szeletek
- 0,3 kg joghurt
- 2 szelet teljes kiőrlésű kenyér (finomra vágva)
- 2 evőkanál citrom (lé)
- 2 evőkanál méz

készítmény

1. A tojást a tojáshoz és a gyümölcssalátához főzzük 10 percig, öblítsük le, és hámozzuk meg.
2. A tojásfehérjét és a tojássárgáját különválasztjuk. A tojásfehérjét apróra vágjuk.
3. A szószhoz keverjük össze a tojássárgáját a joghurttal, és ízesítsük citromlével. Melegítsük fel a mézet, és kenjük bele a teljes kiőrlésű kenyérkockákat.
4. Az alma- és körteszeleteket tányérokra tesszük. Öntsük rá a felaprított tojásfehérjét és a joghurtos szószt, majd

szórjuk meg a tojás- és gyümölcssalátát az egész őrlésű kenyérkockákkal.

79. Körte és szőlő saláta

Hozzávalók

- 2 körte
- 15 napos kékszőlő (mag nélküli)
- 15 dkg fehér szőlő (kicsi, mag nélküli)
- 5 nap mogyoró

Szósz:

- 100 ml szőlőlé (piros)
- 1 evőkanál citromlé
- 3 evőkanál méz (vagy cukor)
- 1 evőkanál grappa

készítmény

1. A mogyorót sütőpapíros tepsire tesszük a körte- és szőlősalátához kb. 120 °C-on, amíg illatos lesz. Dörzsölje át a héjat egy konyharuhával, amennyire csak lehetséges, és aprítsa fel a diót.
2. A szőlőt megmossuk, leszedjük a tőkéből, és ha szükséges, félbevágjuk.
3. A körtéket meghámozzuk és felnegyedeljük, a magházat eltávolítjuk, a gyümölcsöt felkockázzuk. Azonnal meglocsoljuk citromlével, hogy a darabok ne barnuljanak meg.

4. A szőlőlevet mézzel (cukorral) és grappával összekeverjük, ízlés szerint fűszerezzük.
5. A gyümölcsöket összekeverjük és a levével meglocsoljuk.
6. A körte-szőlősalátát apróra vágott mogyoróval megszórva tálaljuk.

80. Gyümölcssaláta Camparival

Hozzávalók

- 2 grapefruit (rózsaszín)
- 3 narancs
- 1 körte
- 1 alma
- 3 Campari
- 1 csomag vaníliás cukor

készítmény

1. A Campari-val készült gyümölcssalátához a grapefruitot és 2 narancsot filézzük: a héját a fehér belső héjával együtt lehúzzuk, miközben a levét gyűjtjük. Ezután lazítsa le a gyümölcsdarabokat a vékony hártyáról, és gyűjtse össze a levét.
2. A narancs többi részét kinyomkodjuk.
3. Az almát és a körtét meghámozzuk és negyedeljük, a magházat eltávolítjuk és kockákra vágjuk.
4. Keverjük össze a narancs- és grapefruitlevet, a Campari-t és a vaníliás cukrot, amíg a cukor fel nem oldódik.
5. Egy tálban összekeverjük a gyümölcsöket, és leöntjük a levével.

6. Hűtsük le a gyümölcssalátát Camparival, és hagyjuk állni egy órán keresztül.

81. Édes-savanyú öntet

Hozzávalók

- 2 hagyma (közepes)
- 250 ml ananászlé
- 100 ml ecet
- 3 csepp tabasco szósz
- 3 evőkanál cukor (barna)
- 3 evőkanál ananász lekvár
- bors (frissen őrölt)

készítmény

1. Az édes-savanyú öntethez a hagymát meghámozzuk, és nagyon apróra vágjuk.
2. A cukrot az ananászlével közepes lángon felolvasztjuk. Ezután hozzáadjuk a hagymát és felforrósítjuk. Végül hozzáadjuk a tabasco szószt, a borsot, a lekvárt és az ecetet.
3. Ha szükséges, hígítsa fel az édes-savanyú öntetet egy csepp vízzel.

82. Tojáslikrém

Hozzávalók

- 2 tojássárgája
- 50 gramm cukor
- 20 g kukoricakeményítő
- 100 ml tej (1)
- 150 ml tej (2)
- 1 vaníliarúd
- 150 ml tejszín (csökkentett zsírtartalmú tejszínhab)
- 100 ml tojáslikőr

készítmény

1. A tojáslikőr krémhez a kukoricát, a cukrot, a tojássárgáját és a tejet egy sütőedényben sima krémmé keverjük.
2. Egy serpenyőben felhúzzuk a tejet és a hosszában felszeletelt vaníliarudat a kikapart magokkal, és 10 percig állni hagyjuk. Ezután távolítsa el a vaníliarudat.
3. A vaníliás tejet ismét felforraljuk, és folyamatos keverés mellett a jégre öntjük. Az egészet visszatesszük a serpenyőbe, és kevergetve addig melegítjük, amíg a krém sűrűsödni kezd. Azonnal öntsünk egy szitát egy megfelelő edénybe, és tegyünk a krémre

fóliát, hogy kihűléskor ne képződhessen bőr. Hagyjuk hűlni legalább 120 percig.
4. Közvetlenül tálalás előtt verjük kemény habbá a csökkentett zsírtartalmú tejszínhabot. A tejszínhez keverjük a tojáslikőrt, majd a tejszínhabot. A tojáslikőrös krémet desszertes tálakba töltjük, és tetszés szerint meglocsoljuk tejszínnel, esetleg reszelt kandírozott gyümölccsel.

83. Kékszőlő parfé naranccsal és szőlősalátával

Hozzávalók

Tökéletes:

- 500 g aromás kékszőlő
- 75 gramm cukor; a szőlő édességétől függően
- 100 ml narancslé (frissen facsart)
- 100 g cukor
- 4 tojássárgája
- 500 ml tejszínhab

Gyümölcssaláta:

- 200 g szőlő
- 200 g szőlő
- 2 narancs; filézve
- 2 evőkanál narancslikőr
- 4 evőkanál mandula (pehely)

készítmény

1. Tegye a szőlőt, a cukrot és a narancslevet egy lábasba a parféhoz. Keverés közben addig melegítjük, amíg a szőlő megreped. A szőlőt lehetőleg pépesítsük. Az egészet szitán átkenjük, a levét összegyűjtjük és hagyjuk kihűlni.

2. A sárgáját a cukorral és 50 ml szőlőlével forró vízfürdőben keményre és krémesre verjük, majd hideg vízben verjük fel. Hozzákeverjük a maradék szőlőlevet. A tejszínhabot verjük kemény habbá és keverjük hozzá. Tegyünk mindent egy zárható műanyag edénybe, és fagyasztjuk le egy éjszakára.
3. A gyümölcssalátához öblítsük le, félbevágjuk és kimagozzuk a szőlőt. Ezután kifilézzük a narancsot, összegyűjtjük a levét. Keverjük össze a levet a narancslikőrrel, és röviden pácoljuk be a szőlőfeleket és a narancsfilét.
4. Tálaláshoz tányérra tegyünk szőlőparfé golyókat, mellé egy kis szőlő-narancs salátát. A salátát megszórjuk pirított mandulareszelékkel.

84. Sajtos terrine dióval

Hozzávalók

- 100 g dió (apróra vágva)
- 200 g mascarpone
- 2 tojás
- 2 tojássárgája
- 30 ml calvados
- 50 g sárgarépa
- 2 körte
- 20 g cukor
- 20 ml cseresznye

készítmény

1. A diót összekeverjük a mascarponéval, a tojással, a tojássárgájával és a calvadossal, majd tűzálló edénybe tesszük. Majd 200°C-os sütőben jó fél órát sütjük. A gyümölcssalátához a sárgarépát és a körtét meghámozzuk és felkockázzuk. Ezután keverjük össze a cukorral és a cseresznyével. Végül vágd fel a sajtterrinét, és tedd az asztalra a salátával.

85. Bróker saláta

Hozzávalók

- 2 evőkanál méz
- 8 menta (levél)
- 1/2 csomag fenyőmag
- porcukor
- 2 citrom (annak leve)

készítmény

1. A naspolya salátához meghámozzuk és kimagozzuk a naspolyát, apróra vágjuk, és kevés mézzel és citromlével ízesítjük. Keverjük bele a fenyőmag felét.
2. Ezután tedd egy desszertes pohárba. A tetejére szórjuk a maradék fenyőmagot, megszórjuk porcukorral, és mentalevéllel díszítjük a naspolya salátát.

86. Francia öltözködés

Hozzávalók

- 0,5 csokor cseresznye
- 0,5 csokor tárkony
- 2 levél (friss)
- 2 szál petrezselyem
- 1 teáskanál sót
- 0,5 tk zellersó
- 1 tojás (keményre főtt)
- 4 evőkanál olaj
- 1 teáskanál mustár (forró)
- 6 evőkanál ecet
- 1 púpozott darab túró
- 2 evőkanál majonéz
- 4 evőkanál tejszínhab (friss)

készítmény

1. Kihűlés után öblítse le a gyógynövényeket, durván hámozzuk meg és távolítsuk el a szárukat. A leveleket a sóval és a zellersóval pürésítsd (vagy pürésítsd 1/2 teáskanál szárított cseresznyéből és tárkonnyából) és egy jó csipetnyi szárított lestyánt a friss petrezselyemmel, sóval és 1 csepp vízzel, és hagyd állni 2 órát. .

2. A tojást kivesszük a héjából, és a sárgáját gyógynövénypürévé formázzuk. Adjuk hozzá a többi hozzávalót. Az egészet habverővel simára verjük, de ne krémesre. A tojásfehérjét apróra vágjuk, és a végén beleforgatjuk.
3. Ha szeretjük, keverhetünk bele 1-2 evőkanál amerikai stílusú ketchupot.
4. A szósz alkalmas hússalátákhoz, kolbászsalátákhoz, hideg zöldségekhez, például paradicsomhoz, karfiolhoz, spárgához, articsóka szívekhez, főtt sonkához és kemény tojáshoz.
5. Zeller saláta, főtt, langoustin, avokádó, cikória, öntet, gyümölcssaláták, felvágottak, nyelv, kolbász

87. Gyümölcsös heringsaláta

Hozzávalók

- 8 db heringfilé (dupla, enyhén pácolt)
- 2 narancs
- 1 db. Mangó (érett)
- A páchoz:
- 1 csokor kapor
- 1 narancs
- 1 csipet cukor
- bors
- só
- 2 evőkanál tejszínhab
- 150 g crème fraîche
- 100 ml tejszínhab (keményre verve)

készítmény

1. A heringfilét 2-3 cm-es darabokra vágjuk.
2. Két narancsot meghámozunk, felnegyedelünk, és vastag szeletekre vágjuk. Hámozzuk meg a mangót, és vágjuk fel a húsát a kőről. Tegyünk félre egy kis gyümölcsöt a díszítéshez. A maradék gyümölcsdarabokat összekeverjük a heringdarabokkal.
3. Először a pác leszedje le a kapor zászlókat, körülbelül 2 evőkanálnyit a körethez.

Kifacsarjuk a narancsot. Keverje össze a narancslevet cukorral, borssal, sóval, tormával és a crème fraîche-val. Belekeverjük a tejszínhabot, végül belekeverjük a kaprot.
4. Keverjük össze a gyümölcs-halkeveréket a páclével, és hagyjuk állni. Tálalás előtt díszítsük a heringsalátát a többi gyümölccsel és a kapor zászlókkal.

88. Fagylalt babmártással és gyümölcssalátával

Hozzávalók

- 8 marék tojásfehérje (vagy tört jég)
- Bab paszta (piros)
- 250 ml cukorszirup
- 3 evőkanál amaretto cseresznye (díszítéshez)
- A gyümölcssalátához:
- Gyümölcs (pl. őszibarack, eper, ízlés szerint)
- Citromlé
- cukor

készítmény

1. A babmártással és gyümölcssalátával készült fagylalthoz keverjük össze a babpépet a cukorsziruppal. Először öntsünk egy kis jeges havat egy borospohárba. Ezután tegyünk a tetejére egy kis kanál babpasztát és egy evőkanál gyümölcssalátát. Amaretto cseresznyével díszítjük és tálaljuk.

89. Epres rizs gyümölcssalátán

Hozzávalók 2 adaghoz

- 500 g friss gyümölcs (ízlés szerint)
- 0,5 csésze tejszínhab
- 3 gombóc Mövenpick eper
- 5 csepp citromlé

készítmény

1. A gyümölcsöt megmossuk, meghámozzuk, felkockázzuk, tányérra tesszük és meglocsoljuk citromlével.
2. Az eperfagylaltot rátesszük a gyümölcssalátára.
3. Díszítsük tejszínhabbal és fagylalttal.

90. Gyümölcssaláta avokádóval és joghurttal

Hozzávalók

- 1 alma
- 1 avokádó
- 1/2 mangó
- 40 g eper
- 1/2 citrom
- 1 evőkanál méz
- 125 g natúr joghurt
- 2-3 evőkanál mandula szelet

készítmény

1. Először is, az avokádós és joghurtos gyümölcssalátához mossuk meg az almát, távolítsuk el a magházat és kockázzuk fel. Ezután kimagozzuk az avokádót és a mangót, és szintén kockákra vágjuk. Az epret megmossuk és félbevágjuk. Végül vágja fel a citromot, és vonja ki a levét a feléből.
2. A natúr joghurtot és a mézet jól összekeverjük. A felvágott hozzávalókat egy nagyobb tálba öntjük, és beleforgatjuk a mézes-joghurtos keveréket. A gyümölcssalátát avokádóval

és joghurttal, megszórjuk mandulával és tálaljuk.

91. Egyszerű gyümölcssaláta

Hozzávalók

- 1/2 apróra vágott papaya
- 1/2 apróra vágott dinnye
- 1 nagy apróra vágott alma
- 2 banán
- 3 narancslé

készítmény

1. Az összes gyümölcsöt jól megmossuk. Ha kétségei vannak, olvassa el cikkünket a gyümölcsök és zöldségek megfelelő fertőtlenítéséről.
2. Távolítsa el a papaya héját és a magjait.
3. Négyzetekre vágjuk.
4. Távolítsuk el a dinnye héját és magjait.
5. Négyzetekre vágjuk.
6. A banánt félbevágjuk, majd négyzetekre vágjuk.
7. A narancsból facsarjuk ki a levét, szűrjük le, hogy eltávolítsuk a magokat, és tegyük félre.
8. Vágja le az almát, és csak a magját távolítsa el. Tartsa meg a tálat.
9. Óvatosan keverje össze az összes gyümölcsöt, kivéve a banánt egy nagy tálban.
10. A keveréket meglocsoljuk a narancslével.

11. Kb. 30 percre vegyük ki a hűtőből.
12. Közvetlenül tálalás előtt adjuk hozzá a banánt.

92. Hagyományos gyümölcssaláta

Hozzávalók

- 2 epres doboz
- 1 szeletelt papaya héj és mag nélkül
- 5 szeletelt narancs
- 4 alma
- 1 ananász
- 5 apróra vágott banán
- 3 doboz sűrített tej (lehet, hogy laktózmentes is)
- 3 krém (lehet laktózmentes is)

készítmény

1. A gyümölcsöket jól megmossuk.
2. Távolítson el minden hüvelyt és magot.
3. Az ananászt felszeleteljük, majd kockákra vágjuk.
4. Az almát négyzetekre vágjuk.
5. A banánt kicsit vastagabb szeletekre vágjuk és félretesszük.
6. A meghámozott papayát és a magokat szeletekre vágjuk.
7. Tegye az összes gyümölcsöt egy nagy tálba.
8. Adjuk hozzá a sűrített tejet és a tejszínt, és óvatosan keverjük össze, hogy a gyümölcs ne törjön össze.

9. Hűtsük le 1 órát.
10. Hűtve tálaljuk!

93. krémes gyümölcssaláta

Hozzávalók

- 4 alma
- 4 kivi
- 3 ezüst banán
- 1 nagy papaya
- 1 db epres doboz
- 1 doboz őszibarack szirupban
- 1 doboz tejföl
- 1 doboz sűrített tej

készítmény

1. Mossa meg az összes gyümölcsöt.
2. Távolítsa el a magokat és magokat az almáról, a kiviről, a papaya- és az eperlevelekről.
3. Vágja az összes gyümölcsöt négyzetekre.
4. Óvatosan keverjük össze a gyümölcsöket egy tálban.
5. A tejszínt és a sűrített tejet elektromos habverővel vagy habverő segítségével krémesre verjük.
6. Adjuk hozzá a felvert pépet a gyümölcsökhöz, és keverjük még egy kicsit.

7. Hozzáadjuk a szirupos barackot, szintén finomra vágva. Élvezze a szirup ízét és nedvesítse meg a salátát.
8. A kész keverékre öntjük a maradék tejszínt és a sűrített tejpasztát.
9. Hűvös helyre tesszük és kb 1 órát pihentetjük.
10. Hidegen tálaljuk!

94. Gyümölcssaláta sűrített tejjel

Hozzávalók

- 5 alma
- 5 banán
- 3 narancs
- 15 félbevágott szőlő mag nélkül
- 1 papaya
- 1/2 dinnye
- 4 guava
- 4 körte
- 6 eper
- 1 doboz sűrített tej

készítmény

1. A gyümölcsöket jól megmossuk.
2. Fenntartások.
3. Távolítsa el a magokat és a hüvelyeket, a szárakat és a leveleket.
4. Egy tálban vágja az összes gyümölcsöt négyzetekre.
5. Óvatosan keverjük, amíg minden egyenletesen el nem keveredik.
6. Adjuk hozzá a sűrített tejet, és tegyük hűtőbe körülbelül 1 órára.
7. Hűtve vagy szobahőmérsékleten tálaljuk.

95. Gyümölcssaláta tejföllel

Hozzávalók

- 3 banán
- 4 alma
- 1 kis papaya
- 2 narancs
- 10 eper
- 15 tetszőleges szőlő
- 1 doboz tejszín (lehet laktózmentes is)
- 1/2 csésze cukor (elhagyható)
- Kiegészítő tipp: ízlés szerint egy kis mézzel is édesíthetjük.

készítmény

1. A gyümölcsöket jól megmossuk.
2. Távolítsa el a hüvelyeket és a magokat.
3. Vágjuk apró darabokra, lehetőleg négyzetekre.
4. Tedd a gyümölcsöket egy tálba.
5. Vágja az összes gyümölcsöt apró darabokra, és tegye félre egy tálba.
6. Verjük fel a kemény tejszínt (ha szükséges cukorral) egy turmixgépben körülbelül 1 percig.

7. Öntsük a tejszínhabot a tálba a gyümölcsökkel és óvatosan keverjük addig, amíg minden jól el nem keveredik.
8. Hűvös helyre tesszük és kihűtve tálaljuk.

96. Hozzáillő gyümölcssaláta

Hozzávalók

- 1 csésze szeder
- 4 kis narancs
- 1 csésze eper tea
- választott szőlő tea
- 1 teáskanál méz
- 2 evőkanál természetes narancslé;
- 1/4 edény görög joghurt

készítmény

1. Fertőtlenítsen minden gyümölcsöt.
2. Távolítsa el a héjat és a magokat (a szőlő kivételével).
3. Tedd az összes gyümölcsöt és a görög joghurtot egy tálba.
4. Óvatosan keverjük össze, amíg minden el nem keveredik.
5. Öntsük a mézet a gyümölcssalátára, és hűtsük le.
6. Vedd ki és tálald!

97. Ínyenc gyümölcssaláta

Hozzávalók

- 1/2 papaya
- 1/2 csésze eper tea
- 1 narancs
- 1 alma
- Méz ízlés szerint

A szószhoz:

- 2 evőkanál narancslé
- 1/2 edény sima teljes kiőrlésű joghurt (lehet laktózmentes is)
- 4 apróra vágott mentalevél

készítmény

1. Az összes gyümölcs fertőtlenítése után távolítsa el a héját, a magokat és a leveleket.
2. Vágjuk kis négyzetekre, és tegyük egy nagy tálba.
3. Egy másik edényben keverje össze a joghurtot, a narancslevet és a mentaleveleket.
4. Öntsük a szószt a gyümölcsös tálba, óvatosan keverjük össze.

5. A gyümölcssalátát kis tálkákba osztjuk és hűtőbe tesszük.
6. Mentalevéllel és mézzel díszítjük.

98. Gyümölcssaláta joghurtos szósszal

Hozzávalók

- 500 g eper
- 2 evőkanál cukor
- 0,5 charantais vagy mézharmat dinnye
- 200 g szilva pl. kék és sárga
- 4 evőkanál citromlé (vagy citromlé)
- 1 csésze (236 ml) szeletelt ananász
- 150 g tejszínes joghurt
- 1 csomag vaníliás cukor
- Esetleg egy kis friss menta

készítmény

1. Öblítse le és tisztítsa meg az epret, és méretének megfelelően félezze vagy negyedelje. Egy sütőedényben megszórjuk cukorral. Fedjük le és húzzuk körülbelül 15 percig.
2. A dinnyét kimagozzuk és szeletekre vágjuk. Vágja le a húst a bőréről. A szilvát megmossuk, a kövéből szeletekre vágjuk. Meglocsoljuk lime- vagy citromlével. Az elkészített hozzávalókat összekeverjük.
3. Az ananászmártáshoz 1 szelet kivételével kockákra vágjuk és a levével összemorzsoljuk. Belekeverjük a joghurtot

és a vaníliás cukrot. A gyümölcssaláta formán.
4. A többi ananászt kockákra vágjuk. Ízlés szerint vágd fel a mentát. Mindkettőt a salátára szórjuk.

99. Gyümölcssaláta vaníliás joghurtos szósszal

Hozzávalók

gyümölcs:

- 2 alma
- 1 banán
- 1/2 citrom leve
- 2 narancs

Szósz:

- 1 tojás fehérje
- 2 evőkanál cukor
- 1 vaníliarúd
- 75 g joghurt
- 1 tojássárgája
- 100 g tejszínhab

készítmény

1. Az almát szeletekre vágjuk, a banánt felszeleteljük és meglocsoljuk egy citrom levével. A narancsot darabokra vágjuk. A gyümölcsöt egyenletesen elosztjuk négy tányéron.
2. A tojásfehérjét verjük kemény habbá, szórjuk bele a cukrot a szószhoz. Vanília hüvely. Kaparjuk ki, keverjük össze a joghurttal és a tojássárgájával. A

tejszínhabot verjük kemény habbá, forgassuk bele a tojásfehérjével. A gyümölcsformához.

100. Gyors gyümölcssaláta

Hozzávalók

- 1 alma (közepes)
- 1 banán
- 1 marék szőlő
- néhány eper
- néhány cseresznye (kimagozott)
- 1 doboz gyümölcskoktél
- citrom
- nádcukor (ha szükséges)

készítmény

1. A gyors gyümölcssalátához a gyümölcsöt megmossuk, feldaraboljuk és kimagozzuk, ha szükséges. A banánt meglocsoljuk citromlével, hogy ne barnuljanak meg.
2. Tegyünk mindent egy tálba a gyümölcskoktéllal, és ízesítsük nádcukorral és vaníliás cukorral.

KÖVETKEZTETÉS

A rák és a szívbetegségek megelőzése érdekében minden étrendben szerepelnie kell a gyümölcssalátáknak. Ennek eredményeként az embereknek több energiájuk lesz a testmozgásra, és azon fognak dolgozni, hogy csökkentsék a nátrium és a koleszterin mennyiségét a véráramban. A gyümölcssaláták egy egészséges étel, amely nassolnivalóként vagy étkezést helyettesítőként is fogyasztható, és mindenki étrendjébe be kell építeni.

www.ingramcontent.com/pod-product-compliance
Lightning Source LLC
Chambersburg PA
CBHW070655120526
44590CB00013BA/971